司法通訳
Q&Aで学ぶ通訳現場

渡辺 修＋長尾ひろみ＋水野真木子 著

松柏社

はしがき

1. 本書がねらいとするのは、「司法通訳人」が実践の場に居ながらさらに学習を深めて、「司法通訳」の「質の向上」をすすめるための学習教材の提供である。

我々は、外国人が被疑者・被告人または参考人などとして関与する刑事手続の様々な場面で行われる言語の通訳を「司法通訳」と呼び、そうした通訳実践に従事して報酬を対価として受け取る通訳人を「司法通訳人」と呼ぶ。

外国人が被告人となった刑事裁判の法廷では、様々な法律専門用語が飛び交う。「員面調書」、「検面調書」、「訴因変更」、「薬物の親和性と常習性」など。さらに、裁判官が弁護人に「ご意見は」と聞くと「然るべく」と答えるなど法廷特有の表現もある。「みだりに」被告人が大麻草を本邦に密輸したといった表現にも特殊な法的な意味が伴う。医者の証人尋問では、医学用語がでてくるし、被告人質問では「懲りたでしょう」など日本的情緒を背景とする表現が多用される。

しかも、「司法通訳」は、外国人である被疑者・被告人が起訴されるか否か、裁判で有罪になるのか無罪になるのか、実刑か執行猶予が付くのか等重大な結果に大きな影響を与える。同時に、「司法通訳人」は、被疑者取調べ通訳の過程などで犯人と証拠に関わる捜査情報を知り、弁護人と被疑者・被告人の接見通訳を通して防御の秘密も知る。様々な事件関係者のプライバシーも知ることとなる。

また、現在の運用上裁判所が選任した通訳人が被告人と国選弁護人の接見も担当するため、被告人が通訳人をいわば「味方」とみてしまうこともないではない。逆に、捜査段階では通訳の専門性を超えて捜査に協力する気持ちが働きやすい。

こうした環境のもとで、「司法通訳人」は、通訳の正確性と迅速性、

立場の中立性と公平性を厳格に守らなければならない。そうでなければ、大局的には通訳の信用性を損なうことになる。それだけに「司法通訳人」の「プロフェッショナル化」が不可欠だ。

2. 外国人を被疑者・被告人とする事件は減少の兆しを見せない。1990年に地方裁判所と簡易裁判所で有罪を言い渡された被告人の人員総数58,771人中、外国人2,480人、うち通訳・翻訳人の付いた外国人数は1,078人（有罪人員にしめる割合は1.8％）であったが、2000年には77,891人の有罪人員中、外国人7,740人、うち通訳・翻訳人の付いた数が6,290人となった（8.0％）。2001年ではそれぞれ80,848人、9,396人、8,032人となっている（9.9％）。

この結果、裁判所の法廷や警察署の取調べ室などで相当数の司法通訳人が日々通訳に従事していることとなる。現在、最高裁判所が通訳人として把握している数は3,000人を越すようであるが、「司法通訳人」の資格認定制度は存在しない。「司法通訳」を体系的に学ぶ大学・大学院レベルの高等教育システムはごく一部の大学にあるだけで、司法通訳人養成に大きな成果が生まれるのには時間がなおかかる。他に「司法通訳」を学ぶ適当な場はあまりない。「司法通訳人」が自己研鑽に努めなければ「プロフェッショナル」といえる水準を保てない。

そこで、著者ら3名は、従前より様々なかたちで通訳人研修を企画して「司法通訳」の「質の向上」のあり方を検討してきた。

まず、長尾が中心となり、他の通訳人と力を合わせて1992年に設立した、現在の「日本司法通訳人協会」では、長尾が会長、水野が副会長として関与し、通訳人研修を中心とする活動を続けている。法律問題の研修については渡辺が協力している。

また、長尾が1995年に松下国際財団から、1995年から1997年の間には私学振興財団から研究助成を受けて、数度にわたり司法通訳トレーニングに関する企画を実現した。まず、1995年に「司法通訳国際シンポジウム」を大阪で行い、アメリカにおける司法通訳研修の概要を日本に紹介した。その成果を活かすべく、1996年に大阪で第1回目の日本司法通訳トレーニングセミナーを開催。同年秋には、東京で第2回のセミナーを、

2000年に神戸で第3回セミナー、2002年に福岡で第4回セミナーを開催した。いずれについても、水野、渡辺も運営に参加または協力をしている。以上と別に、長尾、渡辺は、ここ数年大阪弁護士会が主催する通訳人交流会の研修をコーディネートしている。

2001年からは、法務省の委託研究として外国の司法通訳制度の比較検討の機会も得ている。同年11月にドイツ、フランスで刑事裁判における司法通訳の実体調査を行い、2002年11月にオーストラリア、2003年9月にイギリス、同11月にスペインにおける調査を行った。

3． 本書では、こうした研修の実践と内外での調査を踏まえて、「司法通訳人」が「プロフェッショナル」のレベルに至るのに必要な研修の最低目標を次の3本柱にまとめることとした。

（1）法律の基本知識を学習すること。本書第1部では、刑事手続のアウトラインとそこででてくる基本用語を含む法律の基本知識を学ぶ材料を提供する。通訳人が迷う場面や直面する問題点も織り込んだ模擬裁判を行って学習するものである。執筆担当は、刑事訴訟法を専攻する渡辺である。

（2）各種専門用語と異文化表現の通訳技法を習得すること。本書第2部では、裁判で飛び交う様々なジャンルの専門用語を取り出し、用語の意味の解釈および解説を行う。異文化コミュニケーション論を専攻する水野がとりまとめた。

（3）職業倫理に基づいて行動する実践力を身につけること。第3部では、通訳人の職業倫理を学習する。通訳人が見聞し体験した様々な事例を素材にしながら、あるべき通訳実践の姿を検討するものである。司法通訳の実践の場にもいる長尾が執筆を担当した。

4． 本書出版にあたり大勢の方の協力を得ている。

第2部のとりまとめにあたり、大阪弁護士会の山口健一弁護士のご助言を仰いだ。また、小西咲子氏（スペイン語司法通訳人）と鬼頭良司氏（ペルシャ語司法通訳人）から通訳経験と知識を提供してもらい、各部のとりまとめにあたり活用させてもらった。感謝したい。

また、財団法人倶進会からは出版助成を受けている。出版が遅れたに

も拘わらず、本書出版の意義をご了解賜ったことに厚く御礼申し上げる。

　本書は、「法と言語」の狭間に焦点をあてた特殊な内容であるにも拘わらず、松柏社の森信久社長が出版をこころよくお引き受け下さった。深く感謝したい。また、編集担当の里見時子氏には、執筆・校正ともにもたつく執筆者達に根気よくお付き合い頂いた。謝意を表したい。

　外国人を被疑者・被告人とする我が国の刑事手続が、国際社会からみても適正かつ公正なものであるためには、「司法通訳プロフェッショナリズム」の確立が不可欠だが、本書がその一助となれば幸いである。

2004年 1月10日

渡辺修
水野真木子
長尾ひろみ

目　次

はしがき———1

序章　司法通訳とは……………長尾ひろみ
　第1講　「司法通訳」あるいは「司法通訳人」とは何か。———11
　第2講　通訳に関する法律規定はどうなっているか。———13
　第3講　司法通訳の特徴は何か。会議通訳とどう違うのか。———16
　第4講　司法通訳人は「プロ」か。———18

第1部　刑事裁判のアウトライン……………渡辺修
　Ⅰ　シナリオ学習「刑事裁判」———22
　Ⅱ　刑事手続アウトライン———36
　Ⅲ　法廷通訳各論———50
　　第1講　目撃供述—証人尋問（1）———50
　　第2講　動作、場所、体の通訳—証人尋問（2）———54
　　第3講　「情状」に関する証言—証人尋問（3）———59
　　第4講　遮へい措置のある場合—証人尋問（4）———61
　　第5講　遮へい措置と異議申立—証人尋問（5）———66
　　第6講　かみあわない質疑—証人尋問（6）———71
　　第7講　日本語的な表現—証人尋問（7）———73
　　第8講　専門用語の多い証言—証人尋問（8）———75
　　第9講　被告人質問（1）—捜査段階の取調べ状況について———79
　　第10講　被告人質問（2）—捜査段階の取調べ状況について———82

第2部　法律用語・専門用語……………水野真木子
　　第1講　概念が紛らわしい用語　その1———87
　　第2講　概念が紛らわしい用語　その2———91
　　第3講　罪名等———94
　　第4講　対比的概念を持つ用語———100
　　第5講　難解な言い回し———103
　　第6講　一般用語の特殊な使い方　その1———106
　　第7講　一般用語の特殊な使い方　その2———110
　　第8講　犯行の状況に関わる言い回し———114
　　第9講　医学用語———117

第10講　薬物用語──121
　第11講　犯罪の成立条件─犯人の心の状態──124
　第12講　その他──128

第3部　司法通訳人の職業倫理……………長尾ひろみ

　第1講　完全性──137
　第2講　正確性──143
　第3講　公正と利益相反回避──147
　第4講　プロフェッショナルたる言動──151
　第5講　守秘義務と意見表明の制限──156
　第6講　業務の範囲──159
　第7講　業務の点検、報告など──163
　第8講　通訳を妨げる事情──168
　第9講　通訳妨害の申告──174
　第10講　司法通訳人の中立性──178
　第11講　助言禁止──182
　第12講　専門性の向上──185

Step Up……………渡辺修

　1　通訳人尋問──10
　2　無料通訳──14
　3　「争い」のはじまり──34
　4　手続の説明──41
　5　罪状認否──48
　6　証人尋問と宣誓手続──53
　7　ビデオリンク証人尋問──69
　8　公訴事実──98
　9　「宣誓」の通訳──140
　10　弁護人の弁論──154
　11　同時通訳、逐次通訳──167

序 章

司法通訳とは

Step Up 1　通訳人尋問

■ 通訳人は、法廷で宣誓をした上通訳を命ずると裁判長が告知した時にその公判廷で「通訳人」たる法的な地位に立つ。その場合、厳密に言えば、通訳人が通訳能力があることの証明が必要だ。実際にはほとんど行われることはないが、まれに通訳人の宣誓に先立ち、通訳に関する能力も確認する簡単な尋問がなされることがある。

裁判官　では、開廷します。
　　　　被告人は日本語に通じませんので、英語の通訳を付けます。
　　　　通訳人の方、前へ。
　　　　氏名、住所、職業などはこのカード記載の通りということでよろしいですね。
通訳人　はい。
裁判官　通訳人の方、宣誓をお願いしますが、念のため、すこし質問をさせて頂きます。
　　　　英語に通じるようになったのはどういうことですか。
通訳人　大学では文学部英文学科を卒業し、そのころから会話に興味をもって英会話学校に通っていました。その後修士課程の時に1年ほどアメリカに留学しました。
裁判官　海外で英語を使われた経験は他にありますか。
通訳人　修士課程の時留学に行った他、折々研究調査の必要があったり、学会に出席するためアメリカやイギリスに出かけております。
裁判官　いつから法廷通訳をされておられますか。
通訳人　1990年頃からです。
裁判官　地裁の刑事事件に限ると、何件くらい通訳をしましたか。
通訳人　20件くらいです。
裁判官　英語を母国語としない被告人の通訳について、何人（なにじん）について、何件くらいありますか。
通訳人　ずいぶん前ですが、フィリピン人について5、6人。ナイジェリア人、2人ほどです。
裁判官　今回の被告人は○○国籍を有していますが、その通訳はいかがですか。
通訳人　はじめてです。
裁判官　では、通訳人、宣誓をお願いします。
通訳人　良心に従い誠実に通訳することを誓います。

第1講 「司法通訳」あるいは「司法通訳人」とは何か。

　「通訳」という職業は誰でも知っている。会議通訳、商談通訳、観光ガイド通訳などは脚光を浴びる職業である。しかし果たして何人の人が司法通訳、法廷通訳という言葉を知っているだろうか。

　「司法通訳」とは、おおまかに言えば、違法行為を摘発し、その有無を確認して一定の制裁を科す手続で必要とされる通訳を総称するものである。とくに厳密な定義があるわけではない。むろん、法律用語などではなく、あくまでこうした通訳を実践的に担っている通訳者集団が用いる言葉である。

　具体的には、入管法入国管理局、警察、検察庁、裁判所、非行を取り扱う家庭裁判所などのそれぞれでの通訳業務をさす。例えば、外国人が麻薬の密輸を企てたとしよう。まず飛行場でターンテーブルに乗って出てきたバックを下したとたん、入管職員が連れてきた麻薬捜査犬がクンクンとカバンをかぎ麻薬をカバンに隠していたことが発覚した。その外国人は入管の取調室に連れて行かれたが全く日本語が分らない。

　そこで、通訳人が登場する。場合によっては電話での通訳になることもある。次に警察に引き渡されて取り調べを受ける。それが終わると検察庁での取り調べが待っている。それぞれ通訳人が用意される。

　さて、起訴されれば裁判になる。外国人被告人は自分が犯した犯罪に対しての裁判に出廷する。ここでは検察官が主張する罪状を立証するために提出された証拠を審理し、裁判官が判決を下すのである。入管から法廷までの司法の分野で通訳をする人を司法通訳人と総称し、その中でも特に裁判での通訳を担当する人を「法廷通訳人」と呼ぶ。

　法廷での通訳人は被告人に対する質問の通訳だけでなく、宣誓から始まって人定質問、起訴状朗読、罪状認否、冒頭陳述、証人尋問、被告人質問、論告・求刑、最終弁論、被告人の最終陳述、そして判決と全てを通訳することが業務である。

最初は日本語で行う裁判であるため、被告人を証言台で尋問する時だけ通訳人が必要であるという運用であった裁判所も、外国人事件が多様化するにつれて通訳人運用も国際的に整える必要が出てきた。しかし、日本の法廷通訳人の運用は決して外国人の権利を守るためではなく、裁判を迅速かつ公正に行うための媒体であることは明らかである。

第2講　通訳に関する法律規定はどうなっているか。

　刑事訴訟法175条は「国語に通じない者には陳述させない」と定めている。日本語がしゃべれない外国人の裁判ができなくなる。
　通訳人が外国人被告人と法曹三者とのコミュニケーションの媒体として裁判所に存在することにより、外国人が被告人である日本語を基盤にした外国人裁判を可能にしている。（外国人が証人の場合もある）。
　1979年に日本が批准した国連人権規約（市民的及び政治的権利に関する国際規約）の14条3（f）では、被告人は「裁判所において使用される言語を理解すること又は話すことができない場合には、無料で通訳の援助を受ける」権利が保障されている。
　刑訴法175条と国連人権ｂ規定の視点の相違が日本の通訳人の立場に関する理解を混乱させている。つまり、国際人権ｂ規定の理解のもとで裁判所で通訳を行えば、「被告人のため」に存在することになるが、実際は、日本での法廷通訳人運用の基本は刑訴法175条に基づいて「裁判所のため」（公正な裁判の実現）の要員という理解である。
　捜査段階から、次に述べる裁判が始まって法廷の段階での通訳を担当する通訳人を、総称して「司法通訳人」と呼ぶ。これは、現実の需要に伴い、こうした業務に従事する通訳者が増えてきたことにともなって自然発生的に作られた用語だ。
　この言葉が、プロフェッショナリズムとして重みのあるものとなるかどうかは、今後の発展にかかっている。

Step Up 2　無料通訳

■1996年4月19日神戸新聞（朝刊）は、「裁判で通訳料は不当／米国人宣教師人権規約違反と異議」と題する記事を載せた。当時、在日外国人は外国人登録の際に指紋押なつを義務づけられていた。宣教師は、これに反対する運動に同調して、指紋押なつを拒否した。これが、刑事事件として起訴されたものである。裁判所は、罰金1万円を宣告したが、宣教師はその支払いも拒否した。このため、宣教師は5日間労役場に収監された。

さて、裁判の後、宣教師は、34回の公判分の訴訟費用として68万円の納付を求める通知書が来たという。明細がないので、大阪高検に問い合わせたところ、「通訳人への費用も含まれている」との回答を得たという。そこで、疑問を感じて、裁判所に不服を申し立てたものだ。

報道によると、高検は通訳料負担の点について「法律に基づき適正に処理している」とコメントした。

刑事裁判で、通訳人を必要とした被告人が有罪を言い渡された時、通訳人の費用は誰が負担すべきか。

■確かに、訴訟にかかった費用は有罪判決であれば、被告人の負担とすることができるから、通訳料も事後的に被告人に負担させてもよい、とも言える。

というのも、憲法37条2項は、証人について「公費で自己のために強制的手段により証人を求める権利」を明文で保障しているが、少なくとも有罪判決が確定した段階で、証人の日当などの費用を被告人に払わせることは違憲ではないと解釈されており、この運用は広く受け入れられている。

同じように、憲法37条3項は、被告人が自ら弁護人を依頼することができない時は、「国でこれを附する」と規定している。この規定に基づいて国選弁護人の制度が刑訴法上定められている。しかし、後に取り立てる程度であれば、裁判を通じて費用負担はなく、十分な防御を妨げるものとは言いにくい。このため、最高裁は後に費用負担を命ずることは違憲ではないと解釈している。

通訳料金についても、確かに、国際人権規約では、明確に被告人は無料の通訳を保障されることになっている。しかし、これも裁判を行っている途中、通訳報酬の支払いを求めることはできないという限定した意味として理解することは可能なのだ。

実際のところ、この事件についても、最高裁まで争われたが、通訳料分の減額などは認められなかった。

■ もっとも、今は、外国人事件の多くの場合、通訳人費用を含めて被告人の負担としないと決定する例が多い。オーバーステイで執行猶予になる事例などでも、ほぼ費用を負担させない扱いではないか。

　その場合、裁判所があくまで刑訴法の規定に従い、裁量で費用免除をしているだけなのか、国際人権規約上保障されている権利の効果として費用免除せざるをえないと解釈しているのかは定かではない。ただ、条約適用を明言する裁判官もいることはいる。

　ともあれ、今は、この問題は決着がついている。しかし、事実上費用負担がない状態の法理論上の説明は要る。

　そもそも、後から報酬などの費用の取り立てをするのでは、貧困が理由となって事実上通訳人選任を拒むおそれも出てくる。

　通訳人について、かたことの日本語しかできない被告人が費用負担を恐れて、日本語がわかるふりをすることがあれば大変だ。それに、裁判は、国家が主催するものである。

　だから、憲法の趣旨から言えば、通訳人が不可欠な外国人裁判で、通訳人の費用をあとで被告人に負担させることは、結果的に見ると、適正手続を保障していないのに等しくなる。

　その場合、やはり条約が定める「無料通訳請求権」が具体的な効果をもつものと解釈すべきではないか。

■ そんなことを考えて、新聞に次のコメントを発表した。「国際規約は国内法に優先する。通訳費用援助の運用にこんなミスが出るのは、日本の法制度が未成熟な証拠。弁護人が細かくチェックしていく必要がある」

　　　　　　　　　　　―神戸新聞1996年4月19日(朝刊)―

〇　〇　〇　〇　〇

参考

◆＜市民的及び政治的権利に関する国際規約＞第14条 〔公正な裁判を受ける権利〕 3項　すべての者は、その刑事上の罪の決定について、十分平等に、少なくとも次の保障を受ける権利を有する。‥‥(f)　裁判所において使用される言語を理解すること又は話すことができない場合には、無料で通訳の援助を受けること。

◆＜刑事訴訟法＞第181条〔被告人の負担〕 1項　刑の言渡をしたときは、被告人に訴訟費用の全部又は一部を負担させなければならない。但し、被告人が貧困のため訴訟費用を納付することのできないことが明らかであるときは、この限りでない。

　　　　　　　　　　　　　　　　　　　　　　　（渡辺・記）

第3講　司法通訳の特徴は何か。会議通訳とどう違うのか。

　起訴後、裁判所が行う法廷での審理の通訳を「法廷通訳」と呼び、その通訳人を「法廷通訳人」と呼ぶが、「司法通訳」の持つべき特徴が明確になる場面なので、「会議通訳」と呼ばれる通訳場面と対比しながら、検討したい。
　まず会議通訳の場合は通訳人の主たる契約者は民間会社あるいは団体である。そして通訳の主な目的は講演者の言葉が理解できない聴衆に講演者の話しの内容を伝えることであり意志の疎通を目的としている。
　それに対して法廷通訳人の雇い主は裁判所である。そこで人を裁くという刑事手続きの進行を円滑に迅速かつ公正に行うための言語媒体になることが目的である。
　つまり、意志の疎通、意味の理解だけに止まらない役割が付加されている。外国人を被告とする刑事裁判では、有罪になるか無罪になるか、量刑の決定も被告人の情状認識も通訳人が発する通訳内容の正確さに左右されるところが大である。
　一般の通訳は、発話内容を一端咀嚼して意味の分る言葉に変換する。その場合、講演者や商談当事者、または外交官の話す言葉遣いはある程度のレベルに達しているものであるので、いわゆる標準語で通訳することが望まれる。
　しかし、法廷では、いろいろなレベルの人が被告人、あるいは証人として出廷し、自分の表現レベルで証言するのである。例えば、教育レベルの高くない被告人が、「おれはあのじじいの顔はどついていない」と証言した言葉を、教養のある通訳人が「わたしは、あのご老人の顔面は殴打しておりません」と通訳したら、裁判官は実際の被告人像と異なるイメージを作り出すであろう。
　ある殺人事件の裁判で検察官が被告人に「貴方は被害者の太ももの内側を刺したら死ぬかもしれないと思いましたか」という質問をした。通

訳人は「被害者の太ももの内側を刺したら死ぬ可能性があると、今、思いますか」と訳した。被告人の答えは「イエス」であった。検察官はすかさず「殺意があった犯行であり、刑事責任は重い」と結論づけた。

しかし、被告人はその時は太ももを刺したのは威嚇であり、そんなところを刺しても死なないと思っていた。被告人は、警察に捕まってから太ももの動脈が切れて大量出血が死を招いたことを捜査官に教えてもらったもので、犯行当時は全く殺すつもりはなかったのである。

「未必の故意」を争う事件で通訳人が不用意に「今」という言葉を入れると、混乱を招いてしまう。

このように法廷通訳は、被告人という人間の将来に関わる決定的な瞬間で裁判官が判決を決定するための重大な情報提供媒体となるのである。

もちろん、商談通訳でも微妙な言葉のニュアンスで商談成立、或いは決裂が決まってしまうことがあるだろう。しかし、商談通訳の場合は誰の通訳をするのかがはっきりとしており、その商談を成立させたいという意図が明確である。その目標に合わせて共同作業をすればよい。

しかし、法廷通訳の場合は、裁判官、被告人、弁護人、検察官、それぞれの思惑があり、また言葉の裏には戦略的な意図も隠されている。そのような状況の中で、真に黒子になりきらなければならない。分り難い発言は分り難く、曖昧な表現は曖昧に、支離滅裂な言葉は支離滅裂に、言葉を付け足すことなく、解説をせずに淡々と通訳をする。これは法廷通訳としての大原則である。

法廷通訳人は中立的立場を保持するべきである。かくして、被告人の「自らの裁判に参加し、自らを弁護する権利」を偏見の無い正確な通訳をすることによって、擁護することになるのである。

第4講　司法通訳人は「プロ」か。

　「司法通訳」がプロフェッショナリズムの裏付を得るためには、3つの専門性の学習・実践の定着が必要である。
　第1に、語学の専門性を高めることである。ノート・テイキングなど通訳の基本技能を身につけることもここに含まれる。
　第2に、分野の専門性を高めることである。司法通訳の場合には、主に犯罪と刑事裁判に関連する様々な専門分野に関する通訳が行われる。これに対応する分野自体の概要を学ぶ必要がある。
　第3に、倫理の専門性である。「職業倫理」と仰々しく言わないとしても、その場その場における通訳人としてあるべき「行動ルール」を明確にする必要がある。
　以上、3つの専門性で作る三角錐の頂点に司法通訳が実現するプロとしての目標がある──「適正かつ迅速、正確な通訳の実現」である。
　同時に、プロフェッショナリズムの確立には、正当な報酬の確保が不可欠だ。この点で、語学の通訳は、ややもすると、「ボランティア」の行うものと見られる側面がまだ残っている。だが、司法の場で、適正かつ迅速、正確な通訳を実現するためには、「日常会話をこなす」といった表現からイメージされる程度の通訳能力ではおよそ足りない。
　死因の鑑定を法医学の専門家に依頼し、指紋の識別も専門の技官に依頼して「鑑定」を行うように、通訳は鑑定と同性質の専門家の専門能力なくしては行うことができない特殊なコミュニケーション技法である。
　したがって、専門性のある通訳を行う場合、通訳人の側もそれにふさわしい報酬と交通費など必要な経費の支給を求めるべきである。おなじく、通訳人を使う側もまた、専門技法にふさわしい報酬支払いを予定するべきである。
　21世紀のわが国刑事裁判が、外国の目から見た時、人権を保護しつつ厳正な処罰を実現するものと高く評価されるか否かは、被告人が外

国人である事件で、いかなる刑事手続が実施されているのかによって決まる。

　「外国人の居る法廷」を支えるのは、通訳人の責務である。プロフェッショナリズムの確立が急務である。

第1部

刑事裁判のアウトライン

I シナリオ学習「刑事裁判」
—オーバーステイ事件の法廷再現—

はじめに ここでは、裁判所で行われる「裁判の流れ」をシナリオで学ぶことを目的としている。

誰がどのようなセリフを述べるのかビジュアルな形で確認し、犯罪が裁かれるプロセスをしっかりと認識しておきたい。そのため、ここでは有罪か無罪か法廷で激しく争われることのほとんどない事件を取り上げた。いわゆる不法残留（オーバーステイ）の裁判だ。この裁判の「基本形」を学んでおけば、ケース毎に出てくる変化に対応する基盤ができる。

【解説】 日本と外国の間の入国および出国に関しては、「出入国管理及び難民認定法」が手続と条件を定めている。この法律は、よく出管法あるいは入管法と省略されて呼ばれている。

一般に、外国人がわが国に入国し滞在するためには、入管法で定める在留資格を必要とする。通常、外国人は、日本に入国する前に、各国にある日本の在外大使館や領事館で「査証（ビザ）」の発行を受け、こうした在留資格があることを確認する手続を行う。

航空機または船舶で入国する際、空港または港で、入国審査官が在留資格の審査を行う。査証があるかどうか、査証を必要としていない場合にも適法な在留資格があるかどうか確認し、入国の許可を出す。

ところが、現在わが国にはこうした正規の手続を経ないで入国し（密入国）、そのまま残留したり（不法残留）、あるいは、当初適法に入国しながらその後適法な在留期間を超えて滞在する（オーバーステイ）事例が少なからずある。実際には、外国人が不法就労によって金銭を稼ぐことを目的としたり、場合によっては当初から窃盗・強盗など犯罪を目的として不法に入国する事例が見受けられる。

そうした状態は、入管法に違反する「犯罪」として捜査され、起訴される。実際に、東京、大阪など大都市の裁判所では、外国人被告人がこうした犯罪で起訴されて裁判を受ける例が多い。その場合、多くの事例で、通訳人が選任される。

参考　出入国管理及び難民認定法70条　次の各号の一に該当する者は、三年以下の懲役若しくは禁錮若しくは三十万円以下の罰金に処し、又はその懲役若しくは禁錮及び罰金を併科する。

一、第三条の規定に違反して本邦に入った者

二、入国審査官から上陸の許可等を受けないで本邦に上陸した者

三、削除

四、第十九条第一項の規定に違反して収入を伴う事業を運営する活動又は報酬を受ける活動を専ら行っていると明らかに認められる者

五、在留期間の更新又は変更を受けないで在留期間を経過して本邦に残留する者

六、仮上陸の許可を受けた者で、第十三条第三項の規定に基づき付された条件に違反して、逃亡し、又は正当な理由がなくて呼出しに応じない者

七、寄港地上陸の許可、通過上陸の許可、乗員上陸の許可、緊急上陸の許可、遭難による上陸の許可又は一時庇護のための上陸の許可を受けた者で、旅券又は当該許可書に記載された期間を経過して本邦に残留する者

七の二、第十六条第七項の規定により期間の指定を受けた者で当該期間内に帰船し又は出国しない者

八、第二十二条の二第一項に規定する者で、同条第三項において準用する第二十条第三項及び第四項の規定又は第二十二条の二第四項において準用する第二十二条第二項及び第三項の規定による許可を受けないで、第二十二条の二第一項に規定する期間を経過して本邦に残留する者

九、偽りその他不正の手段により難民の認定を受けた者

九の二、前項第一号又は第二号に掲げる者が、本邦に上陸した後引き続き不法に在留するときも、同項と同様とする。

■ 開廷

裁判官 では、開廷します。被告人が日本語に通じないので、○○語の通訳をつけることにします。通訳人の方、証人台の前に立って下さい。通訳人の氏名、生年月日、住所、職業は、このカードに記載した通りですね。

通訳人 はい。

裁判官 では、宣誓して下さい。

通訳人 宣誓。良心に従って誠実に通訳することを誓います。

裁判官 宣誓の趣旨はお分りですね。もし故意に嘘の通訳をしたら処罰されることがありますが、よろしくお願いします。では、被告人に通訳人に選任され、誠実に通訳すると誓ったと、伝えて下さい。

通訳人→被告人 （説明）

裁判官 では、被告人に対する出入国管理及び難民認定法違反被告事件の審理を開始します。被告人は前に出て下さい。

■ 人定質問

裁判官 名前は何といいますか。

被告人 ○○○です。

裁判官 生年月日はいつですか。

被告人 19○○年○○月○○日です。

裁判官 国籍はどこですか。

被告人 ○○○です（国名を述べる）。

裁判官 日本国内の住所はどこですか。

被告人 ○○県○○市○○町○○番地○○号、○○ハイツ○○号室です。

裁判官 職業はありますか。

被告人 捕まった時は、なにも仕事はなかった。前は、建設の仕事して

いた。
裁判官　今から、あなたがどういう事件で起訴されているのか、検察官に読み上げてもらいますから、よく聞いていなさい。
被告人　はい。

■ 起訴状朗読
裁判官　検察官、起訴状を朗読して下さい。
検察官　（公訴事実を朗読）
　　公訴事実
　　　　被告人は、〇〇〇の国籍を有する外国人であるが、同国政府発行の旅券を所持して、平成〇〇年〇〇月〇〇日、本邦に上陸し、〇〇県〇〇市〇〇町〇〇番地〇〇号、〇〇ハイツ〇〇号室等に居住していたものであるが、その在留期間は90日間である旨決定され、右旅券にその旨記載されていたのに、右在留期間の更新又は変更を受けないで、その末日である同年〇〇月〇日を超えて、平成〇〇年〇月〇日ころまで、前記住所などに居住し、もって在留期間を経過して、本邦に残留したものである。
　　罪名および罰条
　　　　出入国管理及び難民認定法違反　同法第70条第5号
　　　　以上の事実について、ご審議をお願いします。

■ 黙秘権告知、罪状認否
裁判官　これから、今朗読された事実について審理を行いますが、審理に先立ち、被告人に注意しておきます。
　　　　被告人には黙秘権があります。これから裁判官、検察官、弁護人からあれこれ質問されることがあります。被告人は、はじめから終わりまで黙っていることもできますし、答えたくない質問に対しては答えを拒むことができます。黙っていたこと自体で不利に扱われることはありません。
　　　　質問に対して答えたいときは答えてもよいのですが、被告人

がこの法廷で述べたことは、被告人に有利、不利を問わず証拠として用いられることがありますから、そのことを念頭において答えるようにして下さい。

　さきほど、検察官が読んだ事実について、どこか事実と違うところはありますか。
被告人　間違いありません。
裁判官　弁護人のご意見は。
弁護人　被告人と同意見です。

■ 証拠調べ手続・冒頭陳述

裁判官　被告人は元の席にもどって下さい。
　それでは、証拠調べに入ります。検察官、冒頭陳述をどうぞ。
検察官　検察官が、証拠により証明しようとする事実は、次の通りです。
第1、被告人の身上・経歴等。
　被告人は、○○共和国に生まれ育ち、○○年に○○市の大学を卒業して、電気部品を作る工場等で稼働していた。
　19○○年に結婚し、妻とふたりの子どもがいる。日本における前科前歴はない。
第2、犯行に至る経緯および犯行状況等。
　犯行状況は、起訴状記載の公訴事実の通りであるが、被告人は、日本に出稼ぎにいくことを計画して、公訴事実記載の犯行に及んだものである。
　本法入国後は、○○県内の土木工事現場で稼働するなどして、稼いだ金銭の中から200万円余りを本国に送金している。
第3、犯行後の状況等。
　本件は、○○線○○駅付近の路上で、無灯火の自転車を運転している酩酊した様子の被告人をパトロール中の警察官が不審に思い、職務質問をしたところ、外国人登録証を所持していないことが分かったので、現行犯として逮捕したことにより発覚したものである。

第4、その他情状。
　　　以上の事実を立証するため、証拠等関係カード記載の各証拠の証拠調べを請求いたします。
裁判官　弁護人、証拠に関するご意見はいかがですか。
弁護人　すべて同意します。
裁判官　では、同意のあった証拠を採用して、取り調べます。
裁判官→通訳人　被告人にこう伝えて下さい。「検察官が調べてほしいといった証拠について、弁護人もすべて証拠調べをしていいと同意したので、裁判所は全部証拠として採用して、内容を調べることにした、証拠の内容はこれから簡単に説明するので、そこで聞いているように。」
通訳人→被告人　（通訳）

■ 要旨の告知
裁判官　検察官、要旨を述べて下さい。
検察官　では、要旨の告知をいたします。
　　　甲1号証は、現逮手続書。職務質問をすると外国人登録証を所持していないことが分り、付近の寄宿先にあるというので、同行したがそこにもないというので現行犯逮捕をしたものである。さらに、旅券の提示を求めたところ、本件が発覚した、といった経緯が書いてあります。
　　　甲2号証は、入国管理局に在留資格などの照会をした回答書です。被告人は、平成○年○月○日に入国し、在留期間90日間と決定されていますが、その後在留資格の更新または変更をしていない旨記載されております。
　　　甲3号証は、旅券写しを添付した捜査報告書です。
　　　甲4号証は、被告人の犯歴に関する照会結果をまとめた報告書です。本邦における前科前歴はありません。
　　　乙1号証から4号証は、被告人の身上経歴および犯行状況について、公訴事実並びに冒頭陳述記載事実と同旨の事実を供述

した員面調書および弁解録取書です。
　　　　　　以上です。
裁判官　では、証拠を提出して下さい。
裁判官　検察官、ほかに立証はありますか。
検察官　ございません。

■ 被告人質問

裁判官　では、弁護側の立証に移ります。弁護人の立証はどうされますか。
弁護人　被告人質問を行いたいと思います。
裁判官　それでは被告人質問を行います。被告人は前に出て、証言台の椅子に座って下さい。弁護人どうぞ。
弁護人　最初に、なぜ東京で逮捕されたのかお聞きします。あなたは、今まで〇〇県に住んでいて、仕事もそちら方面でしていたのではないですか。
被告人　はい。
弁護人　では、東京に来た目的は何だったのですか。
被告人　〇〇県は仕事が少ない。東京の方が、同じ仕事でも、給料高いと聞いた。それで、友達を頼って、仕事を探しに来た。
弁護人　仕事、見つかったのですか。
被告人　なかった。それで、お酒を飲んだ。
弁護人　あなたが、日本に来た目的は何だったのですか。
被告人　日本でお金を稼ごうと思っていました。
弁護人　あなたは、〇〇国にいた頃犯罪を犯したことがありましたか。
被告人　いいえ、全くありません。
弁護人　あなたが日本でもらった給料のうち、どれくらい送金していたのですか。
被告人　1ヵ月に5万円から多い時で10万円ほどでした。
弁護人　あなたは、もし見つからなければいつまで日本に居るつもりだったのですか。
被告人　来年の正月までには帰ろうと計画していました。

弁護人　どうして帰ろうとしていたのですか。
被告人　母親が心臓手術を受ける予定だからです。
弁護人　あなたは〇〇国に帰ったあと、仕事はどうするつもりなのですか。
被告人　前に勤めていた電気部品の製造工場で雇ってもらうつもりです。
弁護人　今後、日本で再び働けるものなら働きたいですか。
被告人　いいえ、日本にはもう二度と戻りません。
弁護人　ほんとうに誓えますか。
被告人　はい。
弁護人　以上で、弁護人の質問を終わります。
裁判官　検察官、なにか被告人に質問はありますか。
検察官　結局、捕まるまでにいくらくらい本国に送金していたのですか。
被告人　お金がある時には多めに送ったし、送らない時もあった。
検察官　合計でいくらくらいですか。調書では、200万円くらいとなっていますが、誤りはありませんか。
被告人　それくらいです。
裁判官　捕まってから2月くらい身柄を拘束されていますが、その間、何を考えていましたか。
被告人　母が病気なので心配でした。
裁判官　日本の法律に違反したことは悪いことだと思っていますか。
被告人　はい。二度としません。
裁判官　もう懲りましたか。
被告人　はい。
裁判官　日本に戻るつもりは本当にないのですね。
被告人　はい。

■ 論告・求刑、弁論
裁判官　では、証拠調べはこれくらいでよろしいですね。
　　　　今から、検察官がこの事件に対する意見を述べるので、被告人はよく聞いていなさい。では、検察官。ご意見をどうぞ。

検察官 （論告要旨を朗読。）

　　　　　本件公訴事実は、当公判廷で取り調べた関係各証拠により証明十分と思料致しますので、以下、情状について述べます。

　　　　　本件は、計画的な犯行である。最初からわが国で稼働する目的なのに、観光目的を装ってわが国に入国し、現に不法残留を続けていたものである。

　　　　　不法残留期間は、平成〇〇年〇〇月〇〇日から平成〇〇年〇〇月〇〇日まで〇年近くの長きに及んでおり、罪状は悪質である。

　　　　　近時、同種事犯があとを絶たず、わが国の健全な入国管理行政を著しく妨げている。また、この種事犯は、様々な外国人犯罪の温床ともなっているところ、一般予防の見地からも厳しく責任を追及する必要がある。

　　　　　よって、諸般の情状を考慮し、相当法条適用の上、被告人を懲役2年に処するを相当と思料する。

裁判官　弁護人、ご意見をどうぞ。

弁護人　（弁論要旨を朗読）

　　　　　本件公訴事実については、争うものではありませんので、以下情状について述べます。

　　　　　被告人は、母国の〇〇国で大学を卒業した後、電機部品の製造関係の会社に勤めながらまじめに働いていたが、扶養すべき家族や親類が多く、生活にゆとりがなかったため、より高い収入の得られる日本に来て働くことにしたものである。

　　　　　世界における各国間に経済的格差が存する現状に鑑みると、同じ働くのであれば、収入のより高いところで働きたいという被告人の動機は、それ自体は人間の自然な心情として一定の理解が示されるべきものであると考える。

　　　　　被告人は、母国においては、犯罪を犯したことはなく、日本に来てからも、本件違反の点を除けば、まじめで勤勉な一市民として生活しており、日本で働いて得た収入は、できる限り、

本国の家族のために送金していた。

　また、被告人は、本国の大多数の人々がそうであるように、〇〇教を信仰しており、日本にいる間も、休日には教会に足を運ぶ等して過ごした。

　オーバーステイの期間が長いからといって、罪状を悪質と見るべきではない。

　また、被告人は、本国を出国した時には、三番目の子どもがまだ生まれていなかったのでその顔を見たことがなく、また最近になって母親が老齢による衰弱から心臓が弱り手術が必要で入院していると聞き、気がかりであったため、東京で旅費を稼いだら母国に戻って家族のそばに居ようと考えていた矢先に逮捕されたものである。

　帰国後の生活の見通しについては、しばらくは、友人を頼って元の工場で仕事を回してもらうなどして働きながら、ゆくゆくは中東方面に出稼ぎに出るなどして家族を養っていこうと考えている。日本に再び違法に入国・滞在して働く気持はない。

　また、結果的にわが国の法律に違反したことは素直に認め、反省している。

　しかも、すでに逮捕以来2月以上身柄を拘束されており、未決拘禁とは言え事実上処罰に等しい苦痛を味わっている。

　これらの事情を考慮して、弁護人は、今回に限っては、被告人に対して執行猶予付きの判決を下されるのが相当であると思料する。

■ 被告人最終陳述

裁判官　以上で審理を終わりますが、被告人のほうで最後に何か言っておきたいことはありますか。

被告人　日本の法律を犯したことはたいへん申し訳なく思っています。もうこのようなことは二度と致しません。家族のためにも、一日も早く、国に帰して下さい。

裁判官 それでは、直ちに判決を言い渡します。

　主文。被告人を懲役2年に処する。この裁判の確定した日から3年間、右刑の執行を猶予する。

　当裁判所が、認定した罪となるべき事実は、起訴状記載の公訴事実の通りである。その事実は、この法廷で取り調べた証拠から十分に認めることができる。そこで、関係する法律を適用して、主文のとおり判決することとした。

　量刑の理由について簡単に述べる。被告人は、当初から不法な就労を目的として入国しており、残留期間も〇年近くに及ぶもので、罪責は決して軽いとは言えない。

　しかし、他に不法なことをしていないこと、まじめに稼働していたようであること、反省していることを考慮して、今回は執行猶予とした。

　なお、国選弁護人の費用など裁判にかかった費用は被告人には負担させないこととする。

　執行猶予の意味について、説明しておきます。

　被告人はいますぐ刑務所にいく必要はありませんが、今後3年の間に、また日本に来て、日本の法律にふれるようなことをして有罪にされると、その犯罪の刑とあわせて、今回の刑の執行猶予が取り消されて、両方の罪について、実際に刑務所に行かなければなりません。そういうことのないように十分に注意して下さい。

　これで、刑事手続としての身柄拘束は解かれますが、被告人の場合はすでに在留期間が経過しているので、この判決のあと、間もなく入国管理局が被告人を本国に送還する手続きを行うと思います。身柄もそちらに移ると思います。

　以上で判決の言い渡しを終わりますが、この判決は有罪の裁判ですから、控訴ができます。

　判決に不服がある場合には、明日から、14日以内に〇〇高等裁判所あての控訴申立書を作成して、この裁判所に提出して下

さい。
　分りましたか。
被告人　はい、分りました。
裁判官　では、閉廷します。

Step Up 3 「争い」のはじまり

■法廷に裁判官が入廷すると、「では、開廷します」と宣言する。被告人の氏名などを確認して人間違いでないか確認した後、検察官が起訴状を朗読し、ついで裁判官が黙秘権の告知をする。

そのすぐあとで、被告人に対して事件に関する説明をする機会を与えなければならない。この手続を通常「罪状認否」という。実際上は、事実を認めて刑罰を受ける意思表明をする例が多い。

ただ、事件によっては、被告人側が無罪を主張したり、起訴状記載の事実の一部を否定することがある。その場合、罪状認否で被告人が述べる内容も異なってくる。被告人の弁解は、記録に残されて後に証拠のひとつにもされるから、慎重な通訳が求められる。その一例を示す。

裁判官　被告人は日本語に通じませんので、中国語の通訳人をつけます。通訳人、まず宣誓して頂きます。
通訳人　宣誓。良心に従い、誠実に通訳することを誓います。
裁判官　宣誓の趣旨にしたがって、北京語で通訳をお願いします。そのこと、被告人に伝えて下さい。
裁判官　では、被告人前へ。名前は何と言いますか。
被告人　○○○
裁判官　生年月日はいつですか。
被告人　1971年3月10日です。
裁判官　国籍はどこですか。
被告人　中国です。
裁判官　日本で住んでいるところはありますか。
被告人　ありません。
裁判官　仕事はしていましたか。
被告人　ありません。
裁判官　では、今から、あなたに対する殺人などの事件の審理をしますが、起訴状の謄本はすでに受け取っていますね。
被告人　はい。
裁判官　では、あらためて、検察官に起訴状を読んでもらいます。そこで聞いていなさい。検察官、どうぞ。
検察官　公訴事実。
　　第1　被告人は、平成13年5月30日、午後5時頃、東京都杉並区○○○所在のエステサロン「○○」において、被害者○○（33

歳）に対し、殺意を以て所携のサバイバルナイフ（刃体の長さ25センチメートル）をもって被害者の背部、頸部、腹部などを多数回突き刺し、以て同月同日午後6時33分頃、同所において、右刺創に基づく失血並びに心損傷によって死亡させて、殺害した。
　第2　被告人は、業務その他正当な理由による場合でないのに、前記日時場所において、刃体の長さ約25センチメートルの前記サバイバルナイフを携帯したものである。
　罪名・罰条
　　　　公訴事実第1について、殺人、刑法199条
　　　　公訴事実第2について、銃砲刀剣類等取締法違反、同法第32条4号、第22条
　　　　以上の事実について、ご審議をお願いいたします。
裁判官　最初に、被告人に注意しておきます。
　　　　この法廷で、これからいろいろ聞かれることがあります。何も答えなくても構いません。答えないからといって、不利に扱われることはありません。答えることは自由ですが、その時には証拠になります。分りますね。
　　　　では、それを前提にして尋ねますが、検察官が今読んだ事実について、どうですか。どこかおかしいところはありますか。
被告人　当日、殺意をもっていたかどうか、私自身も分らないのです。
裁判官　そうすると、今読まれたような日時、場所に居て被害者にナイフを刺した事実はあるのですか。
被告人　それはそうだったと思います。
裁判官　しかし、「殺意を以て」と書かれている部分については、よく分らない、ということでお聞きしてよろしいですか。
被告人　はい。そうです。
裁判官　弁護人、ご意見は、いかがですか。
弁護人　被告人は、公訴事実第1の「殺意を以て」行為に及んだとなっている点について、明確な意思はないと主張しております。故意がないので、無罪を主張します。
裁判官　分りました。
　　　　では、証拠調べに入ります。検察官、冒頭陳述をどうぞ。
検察官　検察官が証拠により証明しようとする事実は、以下の通りです。
　　　　　　　　　　　　　　　　　　　　　　　　（渡辺・記）

Ⅱ 刑事手続アウトライン
―捜査、公訴、裁判の概説―

はじめに 犯罪が起きた時、警察が捜査を始める。犯人を見つけ、証拠を集めるプロセスである。裁判所では有罪、無罪の判断をする。これが刑事手続の大きな流れである。警察など捜査機関が実施する捜査手続と、裁判所が責任をもつ公判手続、このふたつを結ぶのが、検察官が起訴するかどうか決める「訴追」あるいは「公訴」の手続である。わが国の刑事手続は大きくこの3つに分けることができる。

以下では、各手続のパート毎にどのようなことが行われるのか、概説する。また、通訳人が必要とされる場面について説明する。

【捜 査】

■**捜査** 警察官は、110番通報その他被害者からの犯罪の届け出を受けるなどいろいろなきっかけ（捜査の端緒）によって犯罪があったことを知る。この段階から捜査が始まる。犯人の発見と後に裁判になった時有罪にできるだけの証拠、刑の重さを判断するのに役立つ証拠を集めていく。その方法はいろいろある。

（1）**取調べ** 犯人と疑われる者（被疑者）だけでなく、事件の目撃者、被害者、被害関係者など参考人からも事情を聞くため取調べをして、「供述」というかたちで証拠を確保する。

〈通訳人〉被疑者や参考人が日本語を理解できない時、通訳人が必要になるのは言うまでもない。特に被疑者取調べは捜査の中でも重要な手続である（⇒後述参照）。

（2）**物の収集・保全** 凶器や犯人の足跡、遺留品など「物」のかたちで残されている証拠については、関係者に協力を依頼して任意に提出してもらったり、裁判官から令状を得て捜索の上差押えることもある。犯

罪現場の全体の状況など移動させることのできない性質のものなどについては、実況見分や検証などの方法で証拠を集める。

〈通訳人〉物の収集の場面でも、通訳人が捜査官と一緒に現場に赴くことがある。外国人の居宅に薬物が隠匿されている疑いがあって捜索差押許可状を執行する時、外国人が居ることが予想されるので、警察側は令状の呈示など捜査を適正に行うため、通訳人を連れて行くことがある。

（3）犯人の確保　嫌疑があると判断した者を被疑者として特定する。重大な犯罪であれば逮捕、勾留をして自由を拘束し、逃亡や証拠の破壊を防ぐが、捜査機関が被疑者の所在場所を把握した状態のまま、逮捕せずに捜査をすすめることもある。

〈通訳人〉逮捕、勾留手続では、通訳人が必要とされる場面は多い。逮捕状によって被疑者を逮捕するときに通訳人が一緒に現場に行くこともあるが、むしろ警察署で待機していて逮捕の後に行う手続の通訳を担当する。勾留するかどうか、裁判官が決める前に行う本人から事情を聞く手続（勾留質問）にも通訳人が求められる。

○逮捕の手続

逮捕＝身柄の拘束
⇩
警察署へ引致
⇩
犯罪事実の要旨の告知
弁護人選任権の告知
⇩
弁解の機会

○勾留請求の手続

検察官への送致
⇩
検察官による
犯罪事実の要旨の告知
弁護人選任権の告知
⇩
弁解の機会
⇩
裁判官への勾留請求
⇩
裁判所での勾留質問手続
⇩
勾留の決定、令状の発付

刑事裁判の流れ

事件発生
↓
〔捜査機関へ〕

捜査

(1) 捜査の端緒　※110番通報、被害届、職務質問、現行犯の発見（現認）、聞き込み、取調べなど。

(2) 捜査の実行　※検察官も捜査するが、主に警察が担当する。

証拠物・状況証拠の確保	関連供述の確保	犯人の身柄確保
任意提出、実況見分 捜索・差押、検証、鑑定 身体検査など	通信傍受 参考人取調べ 被疑者取調べ	行動確認 任意同行 逮捕、勾留※

(3) 捜査の終了　事件の送致

〔検察官へ〕
↓

※新聞用語では「拘置」という。

公訴

(4) 起訴・不起訴の検討
　→ 家庭裁判所送致（少年事件手続きへ）
　→ 不起訴　※犯罪の嫌疑を裏付ける証拠がない場合。
　→ 起訴猶予　※証拠はあるが刑事政策上起訴しない場合。

(5) 公訴の提起
　裁判所へ（起訴状の提出）
　公判の請求 → 略式命令の請求

〈処分に不服がある場合〉
検察審査会
付審判請求手続

(6) 第一審の裁判手続

●用語について

◆ **被疑者・容疑者／被告人・被告**　捜査機関が犯罪の嫌疑を集中した者を**被疑者**という。容疑者は新聞などの慣用表現で法律用語ではない。検察官が公訴の提起をした者を**被告人**という。被告、被告側などは慣用表現である。

◆ 刑事訴訟法上、捜査・公訴・弁護・裁判などに関する**権限・権利を行使する主体の名称**とその地位につく、**資格・身分を示す名称**を区別しなければならない（右表参照）。たとえば、刑事訴訟上裁判を行える主体を「**裁判官・裁判所**」といい、その地位につける見分のある者が判事・判事補など裁判所法上の「**裁判官**」である。弁護士・弁護人、検事・検察官、警察官・司法警察職員も同じ対応関係にある。

刑訴法上の主体	組織法上の身分・資格
裁判官・裁判所	判事・判事補など（裁判所法）
検察官	検事・副検事など（検察庁法）
弁護人	弁護士（弁護士法）
司法警察職員	警察官（警察法）

◆ 刑事訴訟法上、一審での有罪・無罪の審理、上訴・再審・非常上告の審理をする主体を**裁判所**といい（一人の裁判官が担当するときも「裁判所」という）、逮捕状発付など付随的な裁判の権限を行使する主体を**裁判官**という。

| (7) 裁判の準備 | ※起訴状を被告人に届ける、私選または国選の弁護人選任、第一回公判期日の指定、被告人をその日に呼び出す召喚、立証に関する事前準備など。 |

| (8) 公判の開始 | 第一回公判期日　※以後、一月から一月半に１回のペースで裁判をする。 |

| (9) 冒頭手続 | ①出頭している者が被告人か確認する人定質問
②起訴状の朗読
③黙秘権の説明
④事件に関する被告人と弁護人の意見を述べる罪状認否手続 |

(10) 証拠調べ手続
(11) 検察側の立証　①冒頭陳述 ──── 検察官は必ず行わなければならない。被告人は必要なとき裁判所の許可を得て行う
　　　　　　　　②証拠調べ請求
　　　　　　　　③証拠採否の決定
(12) 被告側の立証　④実際の証拠調べ

［証拠調べの内容］
・参考人などの供述調書の要旨の告知
・凶器など証拠物の展示
・証人尋問
・鑑定、検証など
・被告人の捜査段階の供述調書の取調べ

(13) 被告人質問　※被告側立証の重要な方法として行われるのが通常。
(14) 検察官の論告・求刑 ──── 被害者の意見陳述
(15) 弁護人の弁論　　　　　　※申出によりなされる。
(16) 被告人の最終陳述

［結　審］　※証拠調べが終了して、裁判所が有罪・無罪を決めるのに適した法的状態。

(17) 心証のまとめ
［合　議］　※三名の裁判官が担当する合議事件では、有罪・無罪を決める評議を要する。
(18) 判決宣告　※有罪判決、無罪判決、公訴棄却判決、免訴の判決など。

(19) 有罪判決の言渡しの場合
　　　①主文（「被告人を無期懲役に処する」など刑の言渡し）、
　　　②理由の告知、
　　　③訴訟費用（国選弁護人や証人尋問、通訳人などの報酬・費用）を被告人に負担させるかどうかの決定、
　　　④控訴権の説明、

［終　局］　※一審の裁判手続がすべて終了した法的状態。
(20) 判決確定　※当事者が一四日以内に控訴をしないか、控訴権を放棄したため、再審請求をのぞいて裁判に不服を申し立てられなくなった法的状態（上訴については次頁参照）。

■上訴の手続（三審制）と非常救済手続

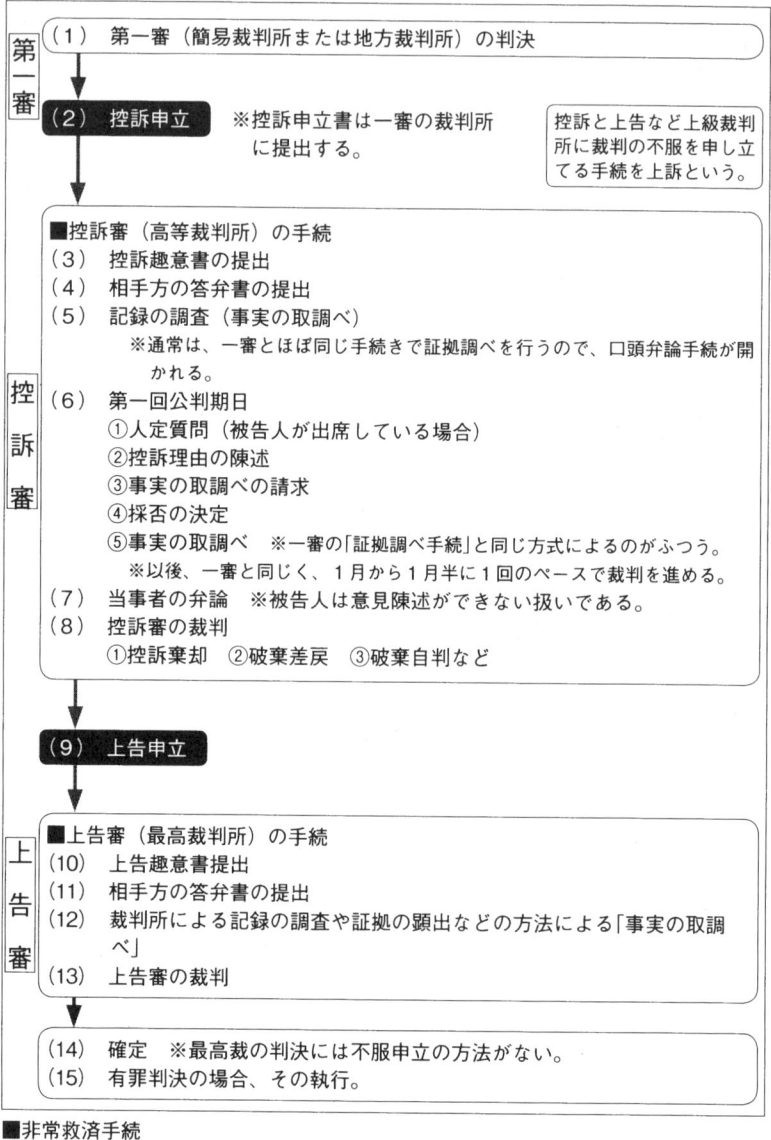

第一審

（1） 第一審（簡易裁判所または地方裁判所）の判決

（2） 控訴申立　※控訴申立書は一審の裁判所に提出する。

控訴と上告など上級裁判所に裁判の不服を申し立てる手続を上訴という。

控訴審

■控訴審（高等裁判所）の手続
（3） 控訴趣意書の提出
（4） 相手方の答弁書の提出
（5） 記録の調査（事実の取調べ）
　　※通常は、一審とほぼ同じ手続きで証拠調べを行うので、口頭弁論手続が開かれる。
（6） 第一回公判期日
　①人定質問（被告人が出席している場合）
　②控訴理由の陳述
　③事実の取調べの請求
　④採否の決定
　⑤事実の取調べ　※一審の「証拠調べ手続」と同じ方式によるのがふつう。
　　※以後、一審と同じく、1月から1月半に1回のペースで裁判を進める。
（7） 当事者の弁論　※被告人は意見陳述ができない扱いである。
（8） 控訴審の裁判
　①控訴棄却　②破棄差戻　③破棄自判など

（9） 上告申立

上告審

■上告審（最高裁判所）の手続
（10） 上告趣意書提出
（11） 相手方の答弁書の提出
（12） 裁判所による記録の調査や証拠の顕出などの方法による「事実の取調べ」
（13） 上告審の裁判

（14） 確定　※最高裁の判決には不服申立の方法がない。
（15） 有罪判決の場合、その執行。

■非常救済手続

①非常上告　※検事総長が「審理手続や裁判内容」の法令違反を理由に申し立てる。
②再　審　※被告人が新証拠発見などの理由で無罪を主張して申し立てる。

Step Up 4　手続の説明

■ 朝日新聞1994年11月2日（朝刊）は、「外国人裁判を公平に／神戸地裁と簡裁で20ヵ国語の書面告知」と題する記事を載せた。「異国で裁判を受ける外国人容疑者に対し、日本の刑事裁判手続きや当番弁護士制度などを書面で説明する制度が、神戸地裁と簡裁で始まった。書面は計二十ヵ国語の翻訳文で、拘置質問を受ける部屋に置かれている。当番弁護士制度を含めた告知は、大阪高裁管内の六地裁では、大阪、京都、和歌山に続き四番目」という。

　刑事裁判では有罪を宣告し、場合によって長期の自由拘束を伴う刑罰、さらには極刑＝死刑を宣告することもありえる。そのプロセスは、「適正」でなければならない。その前提になるのが、外国人である被疑者・被告人が日本の刑事裁判を理解していること。

　では、外国人が刑事裁判を受ける時、刑事手続自体を説明する責務は誰にあるのか。

■ 被疑者が勾留される段階では、まだ弁護人を選任していない場合も多い。被疑者段階では、国選弁護人の制度もない。とすると、まだ十分に刑事手続の意味が理解できているか疑問も残る。

　裁判官は、検察官が勾留を請求してきた時、被疑者の弁解を聞くための手続を行う。勾留質問手続という。その場合、裁判官の責務として求められるのは、勾留とは何かを説明し、そこで被疑者が述べることも考慮に入れてどうするか説明することに尽きるのだが、外国人の場合、かたちだけそうした情報を提供しても分ったことにならない。

　勾留が刑事裁判全体の流れの中でどんな意味をもつのか、被疑者が十分に防御を尽くすのにどんな方法があるのか―当番弁護士制度が利用できることも含めて―説明することではじめて、自由を制限する手続が**適正**に行われていると言えよう。

■勾留は裁判官が命ずる。被疑者にとって社会から切り離されることになる重大な局面だ。そして、勾留中に取調べなど重要な捜査が進められる。そうであれば、この段階で、被疑者が日本の刑事裁判を理解できるようにサポートする責務は、裁判所にある。新聞記事のように、裁判所がこうした情報提供をはじめたことは、あたりまえといえば言える。そこで、こんなコメントを出した。

　「被告や容疑者に最低限の権利を教えるのは刑事手続き上、欠くことのできないこと。口頭だけでは日本人でも理解できない人が多いから、書面の説明というのは評価できるが、もっと早く導入してもよかったぐらいだ」

　　　　　―朝日新聞1994年11月2日（朝刊）―（渡辺・記）

■ **裁判官の令状** 捜査のやりかたは、裁判官から令状をもらって相手の意思に関わりなく法律上強制的に捜査の目的を実現する「強制処分」と、相手方の同意ないし協力を求めて行う「任意処分」に分かれる。捜索・差押、検証、通信傍受、逮捕・勾留は強制処分である。任意提出、実況見分、任意同行などは任意処分である。

■ **被疑者取調べ** 日本では、被疑者の取調べに時間をかける捜査が行われる。有罪であれ、無罪であれ一応の犯罪の嫌疑のある者から事情を聞き出して、事件との関係や証拠の有無などを明らかにすることができれば、迅速に事件の解明ができ、他の人に負担や迷惑を及ぼすことを防ぎ、しかも本人に自白を通じて反省・悔悟の機会を与えることもできる。

その反面、被疑者取調べは密室で捜査官が不当な方法を用いて虚偽の自白を引き出す場になるおそれもある。そのことが後の裁判で、自白を証拠にしてよいかどうかというかたちで争われることも少なくない。

〈通訳人〉取調べが捜査段階で通訳人がもっとも活躍する場である。とくに逮捕勾留の後、時間をかけて被疑者から事情を聞く取調べは、事件の解明にとって重要である。適正で正確な通訳が行われていなければ、後で裁判になってから作成された供述調書が証拠に使えなくなるおそれもある。

【公　訴】

■ **公訴** 警察は捜査が終了した後、事件の内容、証拠、どのような処分にすべきかに関する意見をとりまとめて、検察官に報告する（検察官送致）。被疑者が逮捕された場合には、その段階で一度報告をしておく。このとき法律上送致までの時間は短く限定される。逮捕された被疑者を受け取った検察官は、被疑者を釈放するか、裁判官に勾留（新聞では拘置とよばれる）の請求をする。勾留は、裁判のための身体の拘束である。

検察官は、補充的な捜査をした上で、被疑者を起訴するか（公訴の提起）しないか（不起訴処分）を決める。検察官が裁判所に起訴状を提出すると、裁判手続が始まる。

〈通訳人〉検察官の被疑者取調べや参考人の取調べの場面で、通訳人が

必要になる。

■ **被疑者⇒被告人** 検察官の起訴処分を境にして、罪を疑われている人の地位を表す法律上の名称が変わる。「被疑者」から「被告人」となる。

●検察官の処分

> 不起訴処分⇒証拠不十分などで起訴しても有罪判決の見込みがない場合。
> 起訴猶予処分⇒犯人が十分に反省している一方、被害が軽微である場合など起訴すれば有罪にできる証拠がある場合でも、検察官の裁量で不起訴にする場合。
> 家庭裁判所送致⇒少年が被疑者の場合、家庭裁判所に処分を委ねる。

【裁　判】

■ **裁判** 裁判所は、起訴状の謄本を被告人に送達し、弁護人の選任について被告人の意向を確認する。そして、第一回の公判期日を決めて被告人を召喚する。裁判の手続は公判廷で行われる。原則として公開であり、裁判所を構成する裁判官、検察官、被告人、弁護人、書記官の出席を必要とする。

●裁判官と裁判所

> ▷裁判官⇒捜査段階で、逮捕状、勾留状、捜索差押許可状など令状を出す権限と責務の主体をいう。
> ▷裁判所⇒起訴後、有罪・無罪の判断をする主体をいう。裁判官が3人で構成される場合（合議体）と1人のときがある（単独体）。後者も「裁判所」と呼ばれる。

〈通訳人〉 要通訳事件については、起訴後はやい段階で、通訳人選任予定者に対して書記官から連絡が入る。公判の通訳は通訳人によってなされるが、今の運用上国選弁護人が被告人と接見する場合にも、通訳人予

定者が同行することが認められている。

■ **冒頭手続** 第1回目の裁判所の審理（公判期日）の際、裁判所は、次の手続を行う。

（1）被告人が本人か確かめる（人定質問）
（2）検察官の起訴状朗読
（3）黙秘権の説明
（4）罪状認否

被告人と弁護人に事件について意見を聴く機会を罪状認否と呼ぶ。被告人が事実を認めるのか、無罪を主張するのか、その他の弁解を行うのか審理に対する基本姿勢を示す機会となる（Step Up 5 48頁参照）。

■ **証拠調べ** 次に、検察官が起訴状で主張している事実―犯人が被告人であり、犯罪を行ったこと―を立証する一方、被告人・弁護人側が反論をしその裏付となる立証を行う段階に入る。おおまかには、検察官側の立証、弁護人側の立証の順ですすめられる。

（1）冒頭陳述。検察官が起訴状の公訴事実の欄に記載した犯罪の主張（これを「訴因」という）を裏付けるために立証する事実と証拠の説明を行う。
（2）証拠調べ請求。どんな証拠を調べてほしいか一覧表（証拠等関係カード）に基づいて裁判所に説明する。
（3）証拠決定。裁判所が被告人・弁護人の意見を聞いた上で、どんな証拠を取り調べるか決める。

■ **証拠調べの方法** 証拠の性質に応じて、裁判所がその内容を公判廷で明らかにするやりかたは、異なる。

（1）供述 「証人尋問」や「被告人質問」によって「供述」証拠を得る。
（2）物証 覚せい剤や凶器などの物体が証拠になるものは「展示」を要する。
（3）書証 供述を書いた書類、警察官や検察官が捜査段階の取調べで作成した供述調書などは、その内容の「朗読」を要する。
（4）要旨の告知 実際には、被告人・弁護人が証拠にすることに同意した書証については、通常検察官が「要旨の告知」に

よって簡単に説明をすればよいことになっている。

■ **証人尋問**　「証言」は有罪か無罪かを決める材料となる「供述」（証拠資料）となる。証言を得るためには、「証人」を法廷に召喚して「証人尋問」によって引き出さなければならない。「証人」自身は証拠ではなく、証拠を運ぶキャリアーである（証拠方法）。次の順序で行われる。

　（1）証人を請求した側の当事者による「主尋問」
　（2）その反対側の当事者による「反対尋問」
　（3）証人を請求した側の当事者による「再主尋問」
　（4）さらなる補足の尋問（これは、裁判長の許可を得て行える）。
　（5）裁判官による補充尋問

■ **意見陳述と弁論**　有罪、無罪を判断するため証拠が取り調べられる一方、被害関係者については適当な段階で、「意見陳述」の機会が与えられることがある。被害に関する心情などについて自由に述べる機会である。これは、有罪・無罪を決める資料にはできない。

　証拠調べが終わると、検察官は事実と法律の適用についてまとめの主張をする（論告）。あわせて検察官が求める刑罰の重さについても意見を言う（求刑）。

　次いで、弁護人が弁論を行い、被告人の視点にたった事件の見かた、証拠の見かたなどを主張する。犯人であることを争わない場合でも、量刑の上で被告人のために斟酌すべき事情を説明する。

　被告人は最後に陳述する機会が与えられる。

　以上の手続がすべて終了した状態を「結審」という。裁判所が有罪・無罪の判断ができる手続段階であることを意味する。

■ **判決**

　判決は、裁判長が公判廷で口頭で宣告する。主文と理由の説明が要る。これに付随して、訴訟費用の負担についても言い渡される。裁判所は、有罪判決を言い渡した場合には、上訴の手続、期間についても説明しなければならない。

【上訴・再審】

■ **上訴** 最初の裁判所を一審という。検察官、被告人は、一審の判決の宣告から14日以内に高等裁判所へ不服の申立（控訴）ができる。控訴できる理由は法律上限定されている。おおまかに言えば、（1）裁判手続に見逃せない誤りがあったこと、（2）量刑が不当であること、（3）事実認定にあやまりがあること、以上である。当事者は、まず控訴申立書（控訴状）を出して控訴する意思表示を明らかにした上、裁判所が指定する期間内にくわしい理由を書いた控訴趣意書を提出しなければならない。

■ **控訴** 控訴を受けた高等裁判所の役割は、当事者が申し立てている控訴理由があるかどうか、また裁判所の目から見て他に法律で定めた控訴理由にあたるあやまりはないかどうかを審査することである。

　この点の点検のため、当事者も立会う公開の審理手続が行われる。かたちの上では一審の手続と似ている。証人尋問など証拠調べも行われるが、これらは一審の判決に誤りがないかどうか確認するための「事実の取調べ」である。このため、一審と異なり、被告人は訴訟の主体となって自ら防御活動をする権利はなく、被告人質問も裁判所が必要と認めればその機会を与えられるのに留まる。

　一審の判決に誤りがあり、破棄しなければならない場合、一審に裁判のやり直しを命ずる（破棄差戻）。ただ、控訴審での審理を踏まえると、高等裁判所で自ら判決をし直すことが十分にできる場合がある。この時は差戻をせず、自判する。実際には破棄・差戻よりも破棄・自判の事例が多い。そのためもあって、控訴審では、自判する場合にそなえて事実の取調べは一審の証拠調べ手続と同じ厳格な方法で行っている。

■ **上告** 高等裁判所の判決に対して不服がある場合、最高裁判所に上告を申し立てることができる。上告理由は、高等裁判所の判決に憲法違反または判例違反があることである。但し、最高裁判所は職権で控訴審の判決に誤りがある場合に破棄する権限がある。そこで、実際には上告趣意書では、判例違反、憲法違反の他、職権による破棄を必要とする事由も主張することが多い。これには、控訴理由と同じく、（1）控訴審

の裁判手続に大きな誤りがあること、(2) 量刑が不当なこと、(3) 事実誤認などがある。

　最高裁判所が当事者の主張を公開の法廷で聞く弁論を行うことはあまりない。多くは裁判記録と上告趣意書を検討して結論を出す。上告審の裁判が言い渡されると、通常の手続による不服申し立てができなくなる。これを裁判の「確定」という。この段階になると、刑罰を言い渡した判決については、執行（実際に被告人を刑務所へ収監することなど）ができるようになる。

■ **再審**　有罪判決が確定した後、元被告人など当事者は新しい証拠などを提出して有罪判決の誤りを主張する道がある。再審である。なお、わが国は、無罪判決に対する再審は制度として認めていない。

Step Up 5　罪状認否

■ 起訴状の朗読、黙秘権の告知のあと、裁判官が「今、検察官が読んだ事実について、間違いはありませんか」と質問する手続がある。「罪状認否」（ざいじょうにんぴ）と呼ぶ手続だ。法律は黙秘権の告知のあと「被告人及び弁護人に対し、被告事件について陳述する機会を与えなければならない」と定めている（刑訴法291条2項）。

では、東京地裁の法廷では、どんな問い方・答え方がなされているのだろうか。通訳の問題からは少し離れるが、何かの参考になるかと思うので、いくつか例を挙げて、適否を考えてみたい。

（1）「不法残留の事実、間違いないですか。それとも、どこか事実と違うところがありますか」「事実です」
（2）「間違いがあるかどうか、言い分を聞きます」
（3）窃盗事件。「事実関係を確認します。CDを盗んだ事実、間違いありませんか」「その通りです」「オーバーステイの事実、間違いありませんか」「その通りです」
（4）オーバーステイ事件。「検察官の読まれた事実について、この段階で何か述べておくこと、ありませんか」「特にありません」「間違いありませんか」「間違いありません」
（5）オーバーステイ事件。「検察官の読んだ事実、どこか違うところありますか」「全てホントです」「間違いない？」「はい」
（6）「裁判所からまず尋ねます。どこか間違っていますか」「間違いありません」
（7）「検察官が朗読した事実について何か述べることはありますか」「私がオーバーステイしたことは、私の非だと認めます」「事実に間違いはないということですか」「オーバーステイですか？はい」
（8）「検察官が読み上げたことについて、何か述べることはありますか」「はい」「間違いないということですか」「はい」
（9）「裁判所から尋ねます。検察官が読んだ事実、意味は分りましたか」「分りました」「違っていると思ったことありますか」「ありません」「この通り、間違いないということですか」「はい」
（10）「どこか間違いはありますか」
（11）「何か弁解することありますか」「ありません」「全て間違いない？」「はい」

■ 罪状認否のあり方の当否を考える視点は次の通りである。
　第一、裁判官の問いかけの姿勢。検察官の主張が「事実」であって、これに異議を申し立てる予定かどうかを聞く発問になっている。被告人を有罪と推定した上で言い分があるなら聞く、、、こんな姿勢が無意識のうちに、問い方に反映していないか。
　罪状認否は、検察官の有罪主張に対して、被告人側がいかなる防御方針で臨む予定か概括的に説明する機会である。被告人が有罪か無罪か告白する場面ではない。後の被告人質問とは異なる。だとすれば、例えば、「起訴状記載の検察官の主張に対する、被告人の意見を求めます」と聞くのが筋だろう。その意味で、(4)(7)(8)(11)などのやや漠然とした問いが正しいのではないか。
　第二、被告人の応答内容。
　「事実に間違いはありません」、こう応答するのがほとんどである。弁護人もそう述べるように助言しているのだろう。しかし、これは「自白」であって、事件に関する「意見」ではない。「お裁きを受ける」法文化意識が底辺にあるのが解る。
■このように考えると、争わない事件で被告人が最初に述べるべきことは、本来なら、「起訴状記載事実について、争う事項はありません」といった意味の「意見」であるべきだ。
　逆に、万が一、無罪を主張する予定なら、決して「私はやっていません」などと述べるべきではない。「否認」供述という証拠を提供したことになり、事件に関する「意見」ではなくなるからだ。
　重大事件で、こうした応答をする被告人の新聞記事を見ることがあるが、弁護人の助言が足りないのではないか。「起訴状記載事実について、検察官がすべて証明することを求めます」。こう述べればいい。
　通常は、弁護人が公判の前に被告人と接見して事件についての打合せと裁判の流れについて説明している。罪状認否の意味もだいたい理解しているはずだし、応答の仕方も打合せ済みと思うのだが、被告人の対応がぎこちなく、時に質問された意味が理解できないでいる場合も少なくない。弁護人の充分な説明が必要だ。

(渡辺・記)

III 法廷通訳各論
　―様々な通訳場面を学ぶ―

第1講　目撃供述—証人尋問（1）

はじめに　刑事裁判の場で、通訳人がもっとも活躍するのは、証人尋問と被告人質問の場面である。とくに、被告人が起訴された事件について、「無罪」を主張したり、基本的には検察官の主張の通りだが、細かな事実に言い分があったりすると、法廷に呼ばれてくる証人が述べること（証言）が、大切な証拠となる。同時に、そうした場合には、証言の内容の細かな点について、ていねいに質問が重ねられる。適正、迅速、正確な通訳が求められる場面である（⇒同時通訳か逐次通訳かについては、Step Up 11　167頁参照）。

【シナリオ解説】ここでは、殺人事件を想定した目撃供述を証言する場面を再現している。犯行現場のマンションには、当日、被害者乙山が電話で呼び出した女性・太田花子（30歳）が居た。彼女は、乙山がよくいくバーのホステスであり、乙山のなじみであった。この日も、遅番の同伴出勤の約束をしていたので、早めにマンションに来て、乙山に特別なサービスをしてから、出掛ける予定であった。彼女は、被告人と乙山が言い争うのを耳にして、部屋から出てきてもみ合いを目撃していた。シナリオでは、目撃に至るまでの細かな経緯は省略して、犯行そのものを見た場面を取り上げる。

通訳のポイント　このシナリオでは、証人がいわば「しりきれとんぼ」の日本語表現をしたり、質問とかみ合わない答をしている場面を想定している。その日本語のもつニュアンスをそのままの状態で訳すことは通常は難しく、なんらかの修正なり意訳なりが必要になる。
　その場合、通訳人が独自の判断で行っていい範囲、場面、内容とそう

でない場合がある。検察官や弁護人、そして裁判官は一定の目的と意図のもとに質問をしているから、証人の答を通訳人がうかつに作り替えることはできない。各場面でどのように対応するべきか慎重に判断しなければならない。

さらに、加害者と被害者の言動を表現する時に、擬態語が使われる場面もある。ここでも、法律家の目から見た時、その情景描写が事実の認定に大きな意味をもつことがあるから、慎重な通訳が求められる。

■ 証人に対する検察官の主尋問

検察官　そうしますと、口論が聞こえたので、部屋から出てみたということですが、どんな様子が目に入ったのですか。
証　人　だから、こう、ふたりがもみあってて。
検察官　証人。誰がどんな姿勢だったか説明してもらえますか。
証　人　だから、私もけんかみたいな声だったから、びっくりしてて。それで、パッと見ただけだから。
検察官　いや、それはいいですから、どんな状況がまず目に入ったのか、説明してもらえますか。
証　人　だから、体とか首とか、つかんでて。そんで、逃げ出したから。
検察官　もう一度お尋ねします。被告人が被害者の体や首をつかんだのですか。
証　人　それでー、手でグッと押したりとか、してたから。
検察官　順番にお尋ねしますから、いいですね。あなたが部屋から出た、その瞬間に最初に目に入ったふたりの姿勢をお尋ねしますよ。最初の瞬間だけですからね。被告人が、もう乙山さんの体や首を手でつかんでいたのですか。
証　人　つかんだというか、手、伸ばしてて、つかんだ。
検察官　つかんだのですか、手を伸ばしただけなのですか。
証　人　だから、後でつかんだから、つかんだ。
検察官　じゃ、最初は手を伸ばしていて、すぐに体とか首に触ったんですね。

証　人　そう。で、乙山さんがたおれちゃったから、びっくりしたんです。
検察官　被告人は乙山さんの体のどこにさわったのですか。
証　人　この辺、首とか、さわってました。
検察官　首を絞める格好は見ましたか。
証　人　ドアのとこから見たし、背中が見えたから。
検察官　証人。あなたがドアのところから見たら、誰の背中が見えたのですか。
証　人　だから、この人が戻ってきて、乙山さんのところに来たから、背中だけ見えたんです。
検察官　じゃ、ドアを開けたら、被告人が玄関のあたりから乙山さんの方に向かってくるのが見えたと、乙山さんはあなたに対して背中を向けていたと、こういうことですか。
証　人　見たんじゃないけど、乙山さんが「戻ってこい」って言ってたし、この人が乙山さん押すみたいにしたから。
検察官　被告人が、乙山さんを廊下の壁に押しつけたのですか。
証　人　でも、乙山さんも胸ぐらつかんだりとかしてたから。
裁判官　検察官、いかがですか。少し休廷して質問内容を整理していただけますか。裁判所としても、証人の話を伺っていても、状況がよく飲み込めないので。
検察官　では、そうします。
裁判官　15分、休廷いたします。

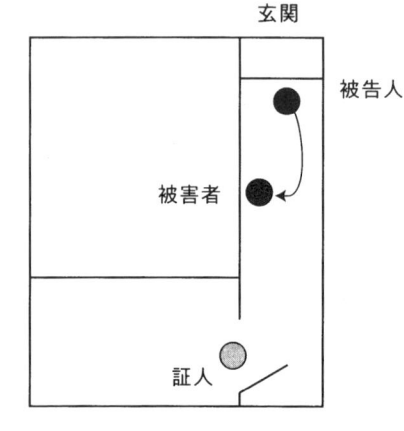

Step Up 6　証人尋問と宣誓手続

■ 証人が法廷で証言をする時、「宣誓」手続を行うことが義務づけられている。実際にはほとんどないが、宣誓を拒んで手続を遅らせたりすると、裁判所が制裁を科すことができるし、悪質であれば犯罪として処罰されることも予定されている。証言は、記録されて、裁判で事実を認定する材料として利用される。宣誓の手続は、通常次のような段取りで行われる。

　証人が法廷に出頭すると、あらかじめ廷吏なり書記官に申し出る。そして、証人カードの氏名、住所など必要な事項を記載し提出する。公開の法廷では、次のとおり、証人のプライバシーに関わることは最小限度しか公にしない工夫がなされている。

■ 通訳人は、以下の宣誓手続が終了した後、裁判長の指示に従ってこの手続の通訳人をしなければならない。その場合、以下のやりとりを逐次通訳するのではなく、宣誓手続が終了後、裁判長から、「通訳人、今証人は嘘をつかないという宣誓をしたと被告人に伝えて下さい」といった通訳内容に関する指示がなされる例が多い。

裁判官　では、本日は証人尋問を行います。証人の○○さん、前へ出てきて下さい。
　　　　お名前、住所、職業などは証人出頭カードに書いてもらった通りということでよろしいですね。
証　人　はい。
裁判官　最初に嘘をつかないと誓う宣誓をしてもらいます。証言台の宣誓書を声を出して読んで下さい。
証　人　宣誓。良心に従い、真実を述べることを誓います。証人○○。
裁判官　では、記憶の通りに証言して下さいね。昔のことで忘れたことでも、今の記憶の通りに証言して下さい。故意に嘘のことを証言しますと、あなたが偽証ということで処罰されることもありますから、注意して下さい。

宣　誓

良心に従って，真実を述べ，
何事も隠さず，偽りを述べない
ことを誓います。

証　人

（渡辺・記）

第2講　動作、場所、体の通訳—証人尋問（2）

はじめに　殺人事件で正当防衛が問題になる場合、当時の現場の状況を細部にわたり明らかにする必要がある。というのも、法律上正当防衛は、（1）「急迫不正の侵害」がある時に、（2）「自己又は他人の権利を防衛するため」、（3）「やむを得ずにした行為」と規定されている（刑法36条1項）。

このため、法律が求めているような状況になっていたかどうか、被害者と被告人の言動について、検察官側も被告人側もこまかな点まで注意をはらって立証に努める。このため、現場の目撃証人に対する尋問も、人の動作、場所、体の部位にわたる細かな質問になる。

【シナリオ解説】　以下のシナリオは、実際に傍聴した事件をアレンジしたものである。外国人被告人が、パブで数名の者にけんかを挑まれ、相手がナイフを持ち出してきたので、これを防ぎながら応戦した結果、一名を殺害し、数名を負傷させた事件である。実際の事件の被告人は、元軍人で特殊な訓練を受けている。被告人の主張は、相手のナイフを制圧しつつ、そのままさらに別の敵を撃退したが、ナイフが相手方に刺さったのはこのもみ合いの時に偶然生じたことであり、意図的に刺すつもりはなかった、という。ここでは、この状況を日本人の客が目撃していたものと想定し、その証言を被告人に通訳しなければならない場面を想定している。

通訳のポイント　「羽交い締め」、「半身になる」、「半月をかくように移動する」、「折り重なるようにぶつかる」など日本語自体としても具体的にどのような動作を示すのか分りにくい表現をどのように通訳するかが問題になる。なお、法律表現として、「宣誓の効力を維持する」と

いう法廷慣用句があるので、注意を要する（⇒証人の宣誓手続は Step Up 6 53頁参照）。

■ 証人尋問の開始

裁判官　では、開廷します。今日は、前回の証人尋問を続行します。証人、前へ。前回、宣誓していただきましたが、その効力は維持しますので、よろしくお願いします。検察官、どうぞ。

検察官　前回は、あなたが、被告人と知り合った経過と当日その店に来た経過などお尋ねしましたので、今日は事件についてお尋ねします。

　　　　まず、当日店に入ってから、どうしましたか。

証　人　入り口を入って、カウンターのところで、ビールを受け取って、それから左手の奥にあるテーブルのところへ行きました。

検察官　甲14号証の実況見分調書添付の図面のコピーを示して、これに書き込みをしてもらいたいと思いますが、よろしいでしょうか。

裁判官　弁護人、よろしいですね。どうぞ。

現場見取り図

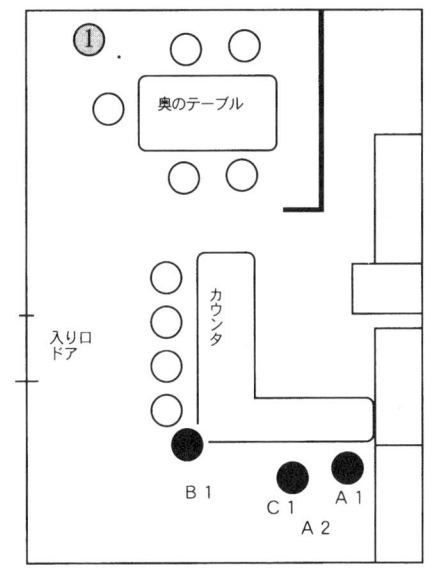

■ 証人の図面書き込み

検察官　では、そのテーブル近くにいた場所を①と書いて下さい。

証　人　（図面に書き込む。）

検察官　そのテーブルのところにはどれくらい居たのですか。

証　人　たばこを吸ったり、たいした時間ではないです。ジョッキのビールをちょびちょび飲んでいました。

検察官　騒ぎに気がついたのはいつ頃ですか。
証　人　1杯目のジョッキを飲み終えた頃です。
検察官　まず、何がきっかけで騒ぎに気がついたのですか。
証　人　カウンター越しに向こう端に坐って壁にもたれていたモハメッドが居るのに気がつきました。
検察官　被告人ですね。最初に被告人を見た場所をA1と書いて下さい。
証　人　（図面に書き込む。）
検察官　何をしていたのですか。
証　人　壁にもたれた格好でいました。
検察官　次に何があったのですか。
証　人　「ミコちゃん」と聞こえました。
検察官　どんな声だったのですか。
証　人　甲高い、怒鳴るような…。
検察官　で、どうなりましたか。

■ 動作の証言
証　人　モハメッドの近くにいた一人が椅子をふりあげて被告人に殴りかかろうとするのが見えました。
検察官　それでどうなりましたか。
証　人　もう一人がナイフを持って刺そうとしていました。
検察官　被告人はどうしましたか。
証　人　被告人は、男の手を押さえて、防ごうとしました。
検察官　誰の手を押さえたのですか。
証　人　椅子を振り上げた男を防ごうとして、ナイフの男を手元に引きました。
検察官　ナイフを持った男の手を押さえたのですか。
証　人　ナイフの男の手をつかまえたまま、男を羽交い締めのようにして、ナイフの手を押さえていました。
裁判官　検察官、手とは右と左どちらで、また、どの部分をいうのか確認して下さい。

検察官　失礼しました。証人、被告人が掴まえたのは右手ですか左手ですか。
証　人　右手です。
検察官　ナイフを持っていた手ですね。
証　人　はい。
検察官　次に、手のどこを押さえていたのですか。
証　人　腕のところです。
検察官　腕とは具体的にどこのことですか。
証　人　ここです。（動作で示す。）

■ 複数の人間の動作の重なる証言
検察官　次に、どうなりましたか。
証　人　もう一人の男が椅子を頭上にふりかぶったまま、被告人に罵詈雑言を浴びせて、近づきました。
検察官　どうなりましたか。
証　人　被告人は、ナイフの男を少し斜め前に押し出しながら、自分は半身になって回転して椅子を防いでいました。
検察官　その回転を始めた時の被告人の位置はどこですか。
証　人　前と同じくらいです。
検察官　その時の椅子の男の位置をB1、ナイフの男の位置をC1と書いて下さい。そして、その時の被告人の位置をA2と書いて下さい。
証　人　（図面に書き込む。）
検察官　被告人はどちら側に回転したのですか。
証　人　時計回りです。
検察官　図で言うと、L字型のカウンターが壁がぶつかっている側面を体の右側にして位置すると、左手の方向に回転したのですね。
証　人　回転っていうか…、半月を画くように移動しました。
検察官　次にどうなりましたか。
証　人　背中の影で見えなかったのですが、3人が折り重なるようにぶつかりました。

第1部 刑事裁判のアウトライン　　57

検察官　誰の背中ですか。
証　人　椅子の男です。
検察官　折り重なるというとみんなが床に倒れたのですか。
証　人　いえ。椅子の男が、ナイフの男を羽交い締めにして腰を落としている被告人にぶつかるようになって、被告人の方も半円を画くようにしながら、ナイフの男の体を盾にして椅子をさけながら体をぶつけていきました。
検察官　次に、何を見ましたか。
証　人　血を流した人がカウンターの前をよろよろ歩いていました。
検察官　いきなり血を出した人が居たのですか
証　人　はっと気がついたら、もうそこで人が血を出していました。
検察官　血を流していた男とは、誰ですか。
証　人　椅子の男です。
検察官　血はどこから出ていたのか。
証　人　お腹の辺りです。
検察官　どの辺りか手で示して下さい。
証　人　（手で「お腹」の辺りをさする。）
検察官　みぞおちの辺り、ふつうおへそがある上ですね。
証　人　はい。

第3講 「情状」に関する証言―証人尋問（3）

はじめに　検察官が起訴した事件について、被告人が誤りのないこと、自分がその通りの犯罪を行ったことを認めている場合、裁判の場では、量刑に関する事情、すなわち「情状」について弁護人側が立証することが中心となる。その際、通常は、被告人が社会に出ても犯罪をまた繰り返さない条件があるかどうかを明らかにするため、「情状」に関する立証がなされる。例えば、被告人が勾留中に被害者に宛てた謝罪の手紙や反省文などである。よく行われるのが、近親者による情状に関する証言―情状証人である。

【シナリオ解説】　ここでは、ある覚せい剤自己使用事件を想定して、被告人の実姉が情状証人として証言台に立った場面を想定している。

通訳のポイント　裁判所は、情状証人を通じて被告人の反省悔悟の姿勢があるかどうかを確認しようとする。そして、証人が十分に監督指導の責任を果たせる立場にあり、その力量があるかどうか見極める。証人の人柄が通訳を介することでずれた印象にならないよう注意が必要である。

■ 証人に対する弁護人の主尋問

弁護人　あなたは、被告人のお姉さんにあたりますね。
証　人　はい。長女です。
検察官　被告人とは兄弟の仲でも親しかった訳ですか。
証　人　そうですね。4人兄弟ですが、今もこの子と行き来しているのは私だけです。
弁護人　どうして被告人は覚せい剤に手を出したのだと思いますか。

第1部　刑事裁判のアウトライン　59

証　人	さびしかったんだと思います。日本に来ても仕事はないし、友達はいないし、家に居てもすることがなかったんだと思います。
弁護人	あなたも同じ福祉施設で育ちましたね。
証　人	はい。でも、私は早くから住み込みの仕事があって、この子が一人になりました。
弁護人	今後のことですが、被告人はやがて社会に出てきます。その時、お姉さんのほうで面倒見てもらえますか。
証　人	そうですね。私も家族があって、同居という訳にはいきませんが、近くにアパートでも借りてなるべく行き来していきます。
弁護人	覚せい剤をやらないように、監督してもらえますか。
証　人	はい。気をつけるようにします。
弁護人	終わります。
裁判官	検察官、何かありますか。
検察官	被告人は、証人の家に来ることはあるのですか。
証　人	お正月とか、お盆とか。そんな時にはうちに泊まっていきます。
検察官	覚せい剤使っていると思ったことはありませんか。
証　人	ぜんぜん知りませんでした。
検察官	覚せい剤は誰にも分らないように使うものですから。それでも監督はできますか。
証　人	はい。わたしが注意してないと他に面倒見る人もいませんし…。
検察官	以上です。
裁判官	証人、ご苦労様でした。これで終わります。

第4講　遮へい措置のある場合──証人尋問（4）

はじめに　証人尋問に際して、裁判所が証人と被告人あるいは傍聴席との間に「ついたて」などを置いて遮へいを施すことがある。これは、証人となる被害者などの心情を考慮し、真実の証言を得るために認められる手続である。シナリオ自体としては、通常の証人尋問と変わりはないが、性犯罪に絡む被害者などの場合、被害のなまなましい状況を証言することを強いられることがある。このシナリオではそこまで露骨な描写を盛り込まなかったが、通訳人もそうした表現の通訳をしなければならないことがある。

【シナリオ解説】　公訴事実として、「被告人は、平成13年9月6日ころから同月10日ころまでの間、数回にわたり、〇〇県〇〇市〇〇町〇番〇号、〇〇マンション××〇番館△△室等において、〇〇〇〇（当時18歳）に対し、その頭部、顔面、身体等を手拳等で多数回殴打し、かつ多数回足蹴にするなどの暴行を加え、よって、同女に対し加療約50日間を要する外傷性クモ膜下出血、頭部・顔面・頚部・両肩・腰部・下腿打撲等の傷害を負わせたものである」という事件をとりあげよう。罪名および罰条は、「傷害、刑法204条」である。実際の事件をアレンジしたものだ。

ここで、起訴されているのは、傷害事件である。被害者は、医者と偽っていた被告人と交際を始めたが、やがて被害者の男性との交友関係を巡り、被告人から暴力をふるわれることが多くなった。事件前も、被害者は、被告人から呼び出されて、そのマンションに赴き、事実上逃げ出せない心理的な状況に追い込まれたまま留まっていたところ、男性との交友を疑う被告人から断続的に暴行を受けていた。事件時、被告人は被害者を連れて車で出かけた後、車内で激しい暴行を加えたものである。被害者は、現場で失神し、その後意識不明のまま、マンションに連れ込

まれた。
　心配した家族が、警察に連絡した。警察官が、被告人方マンションへ踏み込み、寝たまま半身不随状態の被害者が発見された。
　そうした状況について、被害者が、ついたてに囲まれて証言する場面が法廷であった。以下、アレンジして紹介する。
　なお、ビデオリンクによる証人尋問の場合にも、同様に被害状況について生々しいやりとりが行われる（Step Up 7 69頁参照）。

　|通訳のポイント|　「ついたて」が証人を囲む状況では、通訳人がどこに位置するのがもっとも適正、正確、迅速な通訳を行えるか検討しておく必要がある。証人の日本語を被告人のために原語に訳す場合と、原語を裁判所、検察官、弁護人のために日本語に訳す場合でも、通訳人が居るべき場所が違うことが考えられる。書記官と相談し、裁判官の意見も聞きつつ、通訳しやすい場所を選ばなければならない。

■　「ついたて」のある証人尋問
裁判官　では、開廷します。本日は、被害者の方の証人尋問を行いますが、「ついたて」を用いて行うということでよろしいですね。証人を法廷に入れて下さい。
　　▷証人のはいる入口から証言台にかけてパネルで囲む。
裁判官　証人を入廷させて下さい。
　　▷書記官が、証人を誘導して、証言台に座らせる。
　　▷廷吏、書記官、証言台のパネルを残して、入り口までのパネルを外す。
裁判官　あなたの氏名、住所などは予めカードに記載してもらったとおりですね。
被害者　はい。
裁判官　では、証言の前に、嘘を言わないという誓いをする宣誓をしてもらいます。
　　　　台においてある紙を声を出して読んで下さい。
被害者　宣誓。良心に従い、真実を述べることを誓います。証人…。

ついたてのある証人尋問

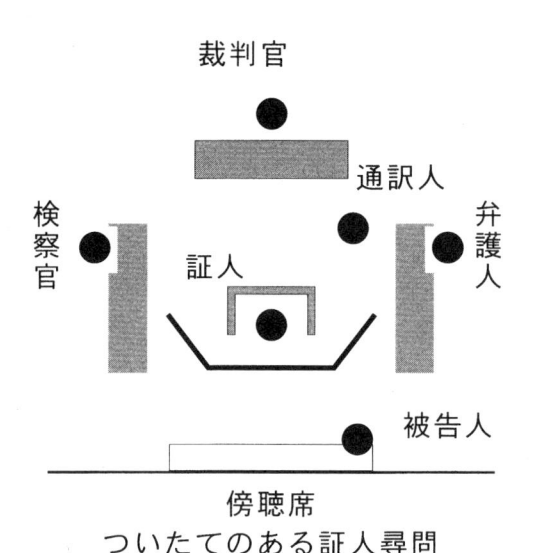

裁判官 名前は結構です。
　　　　 では、席について下さい。
　　　　 検察官、どうぞ。
検察官 事件について、あなたが記憶されていることについて、お聞きします。
　　　　 最後に、被告人から暴力をふるわれたのは、いつ頃ですか。
被害者 平成13年9月10日頃です。
検察官 場所は。
被害者 被告人のマンションを車で出てすぐの海岸です。車内の中です。
検察官 車内での最初の暴力はどんなものでしたか。
被害者 髪を引っ張られました。
検察官 髪を引っ張る前には、被告人はどうしていたのですか。
被害者 男友達のことについてとか浮気しているとか問いつめてました。
検察官 問いつめて、すぐに髪を引っ張ったのですか。
被害者 最初、口でいろいろ言われていて、だんだんいらいらしてきて、パネルを蹴ったり当たり散らしていました。
検察官 パネルを蹴って、それから被告人はどうしましたか。

被害者	それから、髪を引っ張って、本当のこと、言えと言いました。
検察官	髪を引っ張られたあなたは、どうしましたか。
被害者	顔を殴られると思って、うずくまろうとしました。
検察官	被告人はどうしましたか。
被害者	髪をぐいと引っ張って顔を起こして殴りました。
検察官	どんなふうに殴ったのですか。平手ですか。
被害者	平手ではなくこぶしで殴られて、鼻血が出ました。口も切れて血が出ました。
検察官	殴られる以外の暴力はありましたか。
被害者	顔か背中か、蹴られたのか、押さえつけられたのか。ともかく顔がフロントに当たりました。
検察官	髪の毛をつかまれて車にぶつけられたことはありますか。
被害者	髪を引っ張られたことまでは覚えているのですが、車にぶつけられたことまでは覚えていません。
検察官	どうしてですか。
被害者	そのあたりで意識を失ったと思います。
検察官	では、次に気がついたときにはどこでどうしていたのですか。
被害者	その後のことは、ここでは言いたくありません。
裁判官	お気持ちはわかりますが、御協力願えませんか。「ついたて」で被告人や傍聴席からは見えないようになっていますので。
検察官	気がついたときにはマンションにおられたのですか。
被害者	被告人のマンションでマットの上で寝かされていました。
検察官	体は、どのような状態でしたか。
被害者	動こうとしましたが、足が思うように動かず、手にも力が入らず、動かせないことが分りました。
検察官	どのような様子で寝ていたのですか。
被害者	裸でした。服は着ておらず、おしめがされていました。
検察官	なぜそんな姿、おしめをしていたのか分りますか。
被害者	私には、分りません。
検察官	体が動かない理由は分りましたか。

被害者	階段から落ちたと言われたような気がします。
検察官	そんなことがあった記憶はありますか。
被害者	ありません。
検察官	寝ていながらどう思っていたのですか。
被害者	病院に連れて行ってほしいと…。
検察官	病院へ連れていくよう頼まなかったのですか。
被害者	そんなことを言ったら、また殴られると思って怖くて言い出せませんでした。
検察官	現在の手や足の状態は。
被害者	左手にはまだしびれが残っています。左足は思うようには動きません。一人で歩くのは無理です。付添が要ります。今日、裁判所に来るのにも母に付き添ってもらいました。
検察官	医者はいつ治ると言っているのですか。
被害者	分らないと言われています。
検察官	病院にはいつ行っているのですか。
被害者	今は、3日おきです。
検察官	こうして被告人が裁判にかかっているのですが、刑罰のこと、被害感情のこと、言いたいことがあれば裁判官に直接言って下さい。
被害者	できるだけ重い刑にしてほしい…。もう二度と見たくないです。
検察官	以上です。

第5講　遮へい措置と異議申立―証人尋問（5）

はじめに　裁判所が、証人尋問にあたり、遮へい措置を採ることを決定し、証人尋問が行われようとしている場合、あるいは、証人尋問の途中で、弁護人がこれに反対する意見を述べることがまれにはある。

【シナリオ解説】 そんな場合に想定される問答をシナリオ化した。傷害事件の証拠調べとして、被害者の証人尋問が予定されている。その冒頭で、裁判所は遮へい措置について、弁護人に意見を求めてきた。弁護人が遮へいされた証人尋問に反対する場合、次のような反対意見を述べることが考えられる。異議申し立て手続の流れと用語は独特のものがあるので、注意を要する。

通訳のポイント　弁護人が「ついたて」による証人尋問に強く反対することはあまりないが、想定される異議の理由は次のようなものであろうか。憲法の条文が引用されるなど、法的な表現が多くなる。法律用語で不明な場合、臆せずに法律家に意味を説明してもらい、原語の同等表現に置き換えなければならない。

裁判長　本日の証人尋問では、遮へい措置を採りたいと思いますが、双方の御意見を伺います。

弁護人　裁判長、意見を申し上げます。
　　　　本件では、被告人はけんかの現場に居たことは認めているのですが、この被害者の傷害を生じさせた暴行を加えたことはないと主張しております。
　　　　したがって、この証人に有効な反対尋問を行うためには、まずもってこの被害者を被告人が認識できるかどうか、被告人が自

ら目で見て判断する必要があります。

そして、証人を観察しながら、証言を聞き、自らの記憶を喚起して、十分な反論をする必要があります。

弁護人が横にいて証人の特徴をいかに説明しても不十分です。憲法37条が証人の喚問と審問の権利を被告人に保障しているのは、対面によって情報の提供を求めることを当然の前提にしています。

次に、法律の定める要件に該当しません。

法律は、「著しく不安又は緊張を覚えるおそれ」があれば、まず付添人をつけることで対応し、さらに、被告人面前での証言であれば、「圧迫を受け精神の平穏を著しく害されるおそれ」を認めるべき状況がある場合に、遮へい措置を認めています。

今までの証言を聞いていても特に恐怖を感じているとは思われません。

本件では、傷害事件の被害者である証人が、被告人に顔を見られて覚えられるのは怖いので、つい立てを立てて証人尋問を行うということのようですが、ある程度の恐怖は、傷害事件などどのような犯罪の被害者も持つでしょうし、法廷に出てくることについても一般的な不安や恐怖、緊張感は伴います。

この程度では、付添人をつける要件も満たさないはずです。

遮へい措置は、これに加えてさらに「圧迫、精神の平穏の著しい侵害」が必要です。

本件では、それを具体的に伺わせる事情はありません。開示された証人の調書によると、被害者も、深夜に外国人多数が出入りするパブに頻繁に出入りし、特定のグループに所属して前にも他のグループと対立し、けんかになったこともあると証言しています。

被告人も、接見の際、証人らが属するグループとは店で何度も一緒になったことがあると説明しています。

面が割れることをことさら証人が強調することに不自然さも感

じます。遮へいを用いてまで、証人を保護しなければ、証人の自由な意思で証言が出来なくなるとは思えません。
公開の法廷で証言した内容こそが、有罪か無罪かを決める上で、もっとも信用できる証拠になります。裁判所は、証人にも告げた上で、公開の法廷で証言するように説得して下さい。

裁判官　検察官、いかがですか。
検察官　証人は、あらかじめ検察庁での打合せでは、被告人が居るのであれば、被害状況や被害感情などを正直に述べられないと強く申し立てています。信用できる証言を得る上でも、遮へいを行うべきです。
裁判長　では、遮へいの上で、証人尋問を行います。
弁護人　ただ今の証拠調べの方法に関する裁判所の決定に対して、異議を申し立てます。
裁判長　異議の理由を述べて下さい。
弁護人　憲法37条の保障する被告人の証人喚問、審問権を侵害するものであり、信用できない証言になることが危惧される証拠調べ方法を実施することは、被告人の適正な裁判を受ける権利を侵害します。
裁判長　検察官、御意見は。
検察官　弁護人の主張には理由がありません。異議は棄却すべきです。
裁判長　異議を棄却します。
弁護人　では、次の点を記録に明記して頂きます。
　　　　弁護人は、裁判所が「ついたて」による証人尋問を決定し、異議を棄却したので、この状態で証人尋問を行います。
　　　　しかし、それは刑訴法上の反対尋問の権利、憲法上の証人審問の権利を放棄したこと、「ついたて」尋問に伴う瑕疵に関する責問権を放棄したものではありません。
　　　　特に、「ついたて」のまま、弁護人が反対尋問を行ったことを証言の信用性を高める事情として考慮しないようご注意願います。必要があれば、この点は控訴審で争う予定です。

Step Up 7　ビデオリンク証人尋問

■「ビデオリンクによる証人尋問」。2000年に新たに刑事訴訟法に加えられた157条の4は次のように定めている。
「裁判所は、次に掲げる者を証人として尋問する場合において、相当と認める時は、検察官及び被告人又は弁護人の意見を聴き、裁判官及び訴訟関係人が証人を尋問するために在席する場所以外の場所（これらの者が在席する場所と同一の構内に限る。）にその証人を在席させ、映像と音声の送受信により相手の状態を相互に認識しながら通話をすることができる方法によって、尋問することができる」。
まず、刑法176条から178条までの強姦関連犯罪や児童売春、児童ポルノなど性犯罪の被害者である。この他に、「犯罪の性質、証人の年齢、心身の状態、被告人との関係その他の事情により、裁判官及び訴訟関係人が証人を尋問するために在席する場所において供述する時は圧迫を受け精神の平穏を著しく害されるおそれがあると認められる者」でもよい。
証人は、法廷と別の部屋に座る。被告人はもとより裁判官、検察官、弁護人は通常通り法廷にいる。尋問は、マイクとカメラを通して双方のモニターに映し出して行う。

■ビデオリンク方式の目的はふたつある。
まず、被害者の保護だ。性犯罪の被害者は、捜査機関から事情を聞かれる。法廷で同じ内容を公開の場で述べることは精神的な被害を大きくする。ビデオリンクはそれを幾分緩和する。
次に、それによって証言しやすい環境を整えるものだ。被害者保護をはかり真実解明に役立つ証言を得ることである。
しかし、問題はある。ビデオリンクは、証人は法廷から隔離した密室であれば真実を述べるという認識を前提にした手続であるからだ。
条文は、性犯罪の被害者であれば相当性を失わない限りこの方法によることを許し、他の犯罪被害者一般については、公開法廷に所在することが精神の平穏の顕著な侵害を生じる圧迫を受ける時にビデオリンクを認める。だが、かかる圧迫を克服して行う証言であるからこそ、真実解明の基礎にできたのではなかったのか。だからこそ、伝統的には、証人尋問は、「宣誓・公開・対面」で行われる。市民も見守る公開の法廷で、まず真実を述べると宣誓し、検察官や被告人、弁護人から尋問されつつ供述したことこそ、裁判所が有罪・無罪を決める際の材料にふさわしいという哲学に基づく。
公開の法廷のもっている厳かさと開かれた場であることへの責任、そんな条件が重なって証人が法廷で真実を述べる雰囲気を作るのではないか。

ビデオリンクは、法廷の緊張感と切り離された別の空間で証人が証言することを認める。個室で、場合によって母親や代理人の弁護士と同席するプライベートな空間から、証言することになる。それは、証言を「私的なもの」にしてしまわないか。
　被害者が隔離された部屋で姿・形をさらさず、裁判官、弁護人、検察官のみとマイクを通じて会話するやりかたが、大局的にみると刑事裁判の真実解明を損ないかねない。
　21世紀のあるべき刑事裁判の「かたち」が定まるのには、この角度からの模索を必要としている。
■ 以上のようなビデオリンクによる証人尋問の法的な問題も知りつつ、通訳人は対応しなければならない。特に問題になるのは、通訳人がどこに居るべきかである。
　証人が日本語を話し、法廷の被告人に通訳するのがメインな場合と、証人が原語を話すので被告人は理解できるが、これを法律家に訳する必要がある場合とを想定しつつ、かつ通訳人本人の便宜なども考えて法廷に居るべきか、別室に居るべきか判断しなければならない。最終的には、裁判長の訴訟指揮による命令に従うことになるが、適正、正確な通訳をするのにどこが適切な場所か判断する材料は通訳人が提供しなければならない。

(渡辺・記)

＊ビデオリンクの図（左：法廷。右：別室）

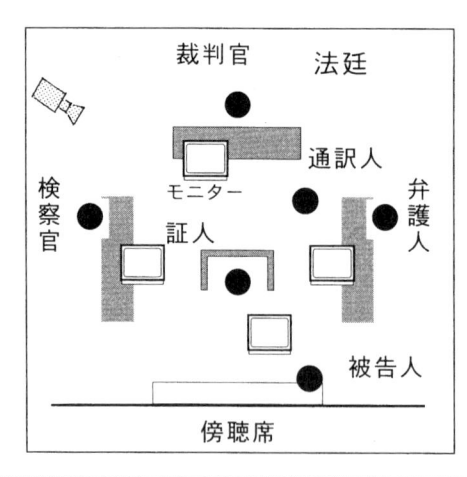

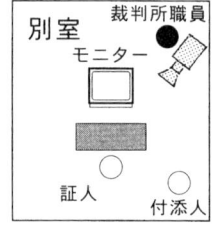

第6講　かみあわない質疑─証人尋問（6）

はじめに　証人尋問にあたり、裁判長は、「証人、質問には端的に答えるようにして下さい。聞かれたことにだけ答えるようにして下さい。詳しいことはまた重ねて質問します」と注意をして始めることが多い。

それでも、証人がかみあわない、的はずれ、ピントのずれた答をすることがある。その理由は様々なことが考えられる。質問の意図を理解できない、誤解した、わざとごまかした、表現力が乏しいなどなど。

法律家達は、法廷の時間を効率よく使うためにも、自己の意図した範囲内の（期待したという意味ではない）証言が返ってくることを予測している。このため、日常会話として受けとめると見逃してもいい質問と答えの不一致が法廷ではことさら浮き彫りになってくる。

【シナリオ解説】 あるバーで経営者仲間同士が経営権を巡り争いになった場面を目撃した日本人の女性客が証人になった。彼女は、論理的に情景描写をする表現力が乏しく、質問に応じて頭に浮かぶ光景をそのまままとまりなく証言する傾向がある。

通訳のポイント　質問と答えが一致しない場合、法律家が時に通訳の不備が原因ではないかと疑うこともないではない。

通訳人は、「かみ合わない質疑、つじつまのあわない質疑」が行われた場合にも、まずそのニュアンスの通り通訳をするべきである。答えのズレを次にどう取り扱うのかは、法律家に委ねておくべきことである。

通訳人が、自己流に解釈して、「いや、質問の意味はこういうことです」と解説を加えて、答えを導くことはしてはならない。それは、通訳人たる行動ルール違反になる。自己の職責を超える業務はしてはならない。「肩代わり禁止」ルールを厳しく守るべき場面である。

弁護人	証人。口論が聞こえたので、そちらを見たということですが、どんな様子が目に入ったのですか。
証　人	被害者が殴ったので、殴り返したのです。
通訳人	すみません。誰が殴り返したのか、主語が分らないのですが。
弁護人	証人。まず、被害者が被告人を殴るのを見たのですね。
証　人	殴ったというか、殴ったと言えば、殴ったのですが。どう言ったら、いいのか。後ろからとめられていて、でも、一応殴ったのです。
通訳人	（訳を始めるが、途中で混乱） すみません、意味がよくつかめなくなったのですが。
弁護人	もう一度お尋ねします。被害者の手、殴る形になった手ですが、それが被告人の体に当たりましたか。
証　人	私もびっくりしていたし、かかわりになるのはいやでしたから。それで、ドアを開けて外に出ようとした時にふりかえっただけなのです。
弁護人	証人。被告人は「殴り返そうとした」のですね。
証　人	はい、「殴りました」。
弁護人	証人。被告人が被害者を、「実際に殴る」のを見たのですか。
証　人	はい。後ろに人がいて止めていて、それでも、被告人は「殴ろう」として、そしたらまた近づいていったのです。
通訳人	すみません、人の関係がよく分りません。
証　人	ですから、被告人は、後ろから止められていたのに、「殴った」のです。
弁護人	証人、被告人は、「実際に殴った」のですか。
証　人	ですから、また近寄ってきたから、被告人が「殴ろう」としていて、それでもう怖いから外に出たのです。

第7講　日本語的な表現―証人尋問（7）

はじめに　法廷傍聴をしていると、以下のシナリオに見られるように、情緒的な表現、大和言葉的表現を織り込んだ尋問がなされることが少なくない。語学学習の経験がある法律家は、記述的でシンプルな表現を選択するが、異文化コミュニケーションの限界については法律家が十分に認識しているところではない。このため、意識する・しないにかかわらず、「足を洗う」など日本語固有の表現が法廷で出てくることになる。

【シナリオ解説】不法入国事件で、弁護人が被告人の反省の態度を法廷で示すようにしている。

通訳のポイント　文化の異なる言語に置き換える時、困難を来す表現がある。おおむね一致する言語表現があればそれに置き換えることができるが、場合によって通訳人の置き換え方が質問の趣旨からずれたり、目的を損なうこともあるので、注意を要する。異文化間のコミュニケーションの難しさに由来する通訳の困難については、通訳人は法律家に問題点を説明して、対処方法に関する指示を仰ぐべきである。

弁護人　では、次に、不法入国に関連してお尋ねします。偽造パスポートは、どうやって手に入れたのですか。
被告人　国にいる時、知り合いの人が商売でパスポート売る人を紹介してくれました。
弁護人　いくらくらい払ったの。
被告人　全部で300万円です。でも、アパートも見つけてくれなかった。給料は半分しかくれなかった。
弁護人　じゃ、300万円払ったら、仕事ととりあえず住むところは用意

　　　　　してくれるという約束だっだんですか。
被告人　はい、そうです。
弁護人　結局、『悪徳ブローカー』にだまされて高い渡航費用を払ったのに、給料は約束の半分しかもらえなかったわけですね。
被告人　はい。
弁護人　だまされて巨額の借金が残ったのでしょう。『泥船』に乗るようなことをして、『くやしい』とは思わなかったのですか。
被告人　はい。
弁護人　結局、お金を早く取り戻そうと思って、偽造テレカの販売仲間に入って偽造テレカを売りさばいて小遣いを稼いだのは事実なのでしょう。
被告人　はい。
弁護人　最初から違法な目的で、日本に来たのでしょう。だから、結局、無理してお金を稼ごうとして、仲間割れを起こしたのでしょう。そうなったら、「毒食らわば、皿まで」ということで、こんな大それた犯罪に「手を染める」ことになったのでしょう。
被告人　はい、結局そうなりました。
弁護人　君の不良仲間の何人かが今回実刑判決を受けたこと、知っているだろう。そんな仲間から『足を洗う』気持はないの。
被告人　もうつきあう気持ちはありません。帰国しても会いません。
弁護人　拘置所で２月も『身柄を拘束されている』わけですね。もう『こりごり』しましたか。
通訳人　あの、こりごりとはどういう意味でしょうか。
弁護人　「こりごり」ですか？そうですね。こう聞いて下さい。悪いことをしたから、逮捕や勾留されて長く身柄が拘束されている間に、自分は馬鹿なことをしたとよく考えましたか。
被告人　はい、十分反省しました。
弁護人　もう二度と不正な方法で日本に来ないと誓えますか。
被告人　はい、誓います。
弁護人　おわります。

第8講　専門用語の多い証言—証人尋問（8）

はじめに　殺人事件では死因が争われることがある。被告人の行為が原因となって被害者が死亡したのか、それとも他に原因があったのかが問題になる。通常、犯罪の被害者については、捜査段階で死因を確かめるため、司法解剖が行われて、鑑定書が作成されている。裁判の場面では、この鑑定書を作成した法医学者など医者が証人として証言することがある。また、これに加えて、裁判になってから、あらためて別の専門家による鑑定がなされることもある。その場合、鑑定書ができた後、この鑑定人も証人として尋問を受けることになる。

【シナリオ解説】不法入国を果たした被告人は、外国人に建設現場の仕事を紹介・斡旋する被害者乙山の世話になっており、その管理するマンションに他の労務者とともに共同で生活していた。ある日夜間外出を止めようとした乙山と被告人が口論になり、被告人が首を絞めた。乙山は拳銃を出そうとしたが、このもみ合いのうちに倒れて死亡した。

捜査段階で、被害者乙山の死体解剖を行い、鑑定書を作成した□□医師に対する証人尋問が行われることになった。検察官は、被告人による頸部圧迫による窒息死、絞殺を主張した。根拠は、頸部部分に内出血があり、それがおおむね扼殺の場合に生じうる位置であることであり、これを裏づける鑑定書の存在である。

他方、弁護人は頸部圧迫の事実は認めたが、これは、監禁状態から逃れ、また乙山がかねてから拳銃を所持しているの知っていて、これを防ぐための軽度の暴行にとどまり、正当防衛の範囲にあったと主張している。

被害者の死因については、事件直前に女性とセックスをし、薄着のまま肌寒い廊下に出てきたこと、その状態で被告人の逃走を制止しようと興奮状態に陥り、こうしたことが原因となって、持病である「突発性心

筋症」の発作が生じ、病死したものであり、思わぬ偶然が重なったと主張した。争点のひとつは、乙山の頸部内には内出血の跡があるが、部位・深さに照らして、通常の扼頸では生じにくい上、頸部には、表皮剥離、皮内出血、皮下出血などの痕跡がなかったことが扼殺説でも説明可能かどうかである。□□医師に対する証人尋問では、これらの専門的な事項が詳しく質疑・応答されることになった。

　前回の公判では、検察官の主尋問が終了し、今回の公判で、弁護人の反対尋問が始まった。場面は、反対尋問の途中から、始まる。

通訳のポイント　専門家の証言は、専門用語が多用されるので、あらかじめ準備していてもとまどうことが多い。通訳人は、あらかじめ書記官とよく相談し、できれば尋問事項についてメモを事前にもらう一方、鑑定書についても通訳準備のためコピーをもらえるかどうか打診してみるべきであろう。

■ 医者に対する弁護人の反対尋問

弁護人　そうしますと、この出血部分に直接外力が加えられたというふうに判断することは、かなり困難だということでしようか。

□□医師（以下、証人とする）
　いや、これはそれでも、私は直接的なもので出来てもかまわないと思いますが、ただ、付着出血と申しまして、筋肉が非常に強く収縮した時に、骨に筋肉が付着したその部分に非常に強い力が作用して筋肉がそこで断裂して出血を起こす場合があるんです。それに、これ

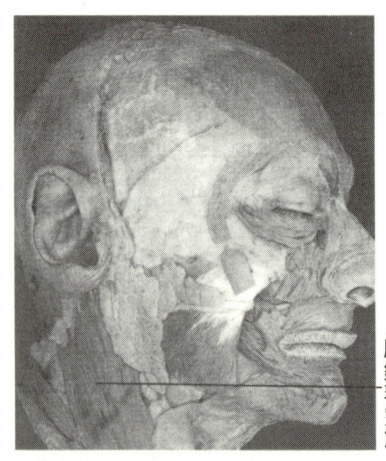

胸鎖乳突筋

＊横地千仭・J.W.Robin・E.L.Weinreb『カラーアトラス人体―解剖と機能』第3版(医学書院、1994年)92頁

が非常に似ているということを言っているんです。

弁護人　そういう意味から間接出血の可能性が高いというご判断をなさったわけですか。

証　人　そうです。

弁護人　今、直接の外力による出血の可能性を一応先生が認めておられるご証言をなさったと思うんですが、直接の外力作用がここに加わったとしますと、これは扼頸の通常の態様から言いますと例外的な力の加わり方の部分になるんでしょうか。

証　人　これはやはりそのとおりだと思います。

弁護人　通常はもっと上のほうに力が加わるということでしょうか。

証　人　そうです。

弁護人　そうしますと筋膜下の出血の仕方の問題と、直接外力が加わったとすると、通常の扼頸に比べれば位置が不自然といいますか、通常と異なると、その二点から間接出血の可能性を先生はお考えになったということですか。

証　人　はい、そうです。それから、こういうような出血というのは、筋肉群の胸鎖乳突筋の付着部分に存在する出血というのは、割合こういう扼頸の場合も出るものなんです、外力がそこに作用しなくても。それとこれは非常に似ているということを言っているわけです。

弁護人　今の、扼頸の場合も出るものだというのは、その扼頸によって急性の窒息に陥って、強力な呼吸運動をしたがためによく出ると、そういうご趣旨でございますか。

証　人　そうです。

弁護人　まとめますと、先生の作成されました鑑定書の19ページの、間接的に筋肉内出血が生じたという可能性は既に明らかであるとしてあるのは、18ページの中段付近に書いてある筋肉部分の移動による出血という部分のことである、ということですね。

証　人　はい。

弁護人　以上の先生の筋肉内出血等のご説明からしますと、頸部の出血

についで、乙山の頸部に強力な外力が加わったということを、それ自身から言わば積極的に裏付ける所見としては、左右の胸鎖乳突筋付近の出血、それから咽頭後壁上部の出血、この三つがそうであるということになるんでしょうか。
証　人　はい。
弁護人　そして、その発生機序として最も可能性として考えられるものは、右の胸鎖乳突筋付近の出血は強力な呼吸作用による間接的出血、左の胸鎖乳突筋付近の出血は、筋肉部分のズレによる間接的出血、それから咽頭後壁上部の出血は、同じく組織の移動による間接的な出血であると、こういうことでございますね。
証　人　はい。それから、もう一つは、右の胸鎖乳突筋の部分の出血も呼吸困難と申上げましたのは、呼吸困難にもこういうことが起こるんだ、ということを申上げたんであって、例えば、我々一番こういうことを見るのは交通事故のむち打ち損傷のような場合にもこういう損傷は見られるわけです、筋肉の付着部の。そういうようにして見ると、例えば、非常に強い力でもって頸部を右から左か、あるいは左から右、右から左でしょうね、それでグッと押したような時に、痙攣のようなものを起こして出血を起こす可能性も否定出来ませんから、いわゆる呼吸困難だけじゃなくて、全体的な位置移動によって右の胸鎖乳突筋の付着部分の出血が起こってもおかしくないですよ。
弁護人　そうすると、いずれにせよ胸鎖乳突筋付近の筋肉の強力な収縮運動による間接的な出血と、こういう聞き方でよろしゅうございますか。
証　人　はい。
裁判官　弁護人、まだあるようでしたら、次回期日に続行ということでいかがですか。
弁護人　では、ちょうどキリがいいので、この辺にしておきます。

第9講　被告人質問（１）―捜査段階の取調べ状況について

　はじめに　わが国の刑事裁判では、被告人が捜査段階で述べた「自白」が証拠として重要な役割を果たす。自白とは、厳密に言えば、被告人が犯罪となる行為を行ったことを説明する言葉のことであるが、ややラフな意味では、犯罪に関与したことに関わる被告人の説明全般を指す（犯行の準備、計画から犯行の様子、犯行後どうしたのかなど）。検察官は、捜査段階の取調べで被疑者が署名・押印した自白調書を有罪の立証の柱にする。そこで、裁判所に証拠として扱うことを求める（証拠調べ請求）。

　ところが、捜査段階の被疑者取調べは、警察署などにある取調べ室で警察官と被疑者だけが居る場で行われる。弁護人が立ち会ったり、取調べの様子を録音・録画することは日本では行われない。

　折々被告人が裁判になってから取調べが違法・不当であったと主張することがある。その場合、この自白調書を有罪か、無罪か判断するための証拠にするためには、取調べが問題なく行われたことが明らかにされなければならない。

　さて、法廷では、弁護人がひとまず被告人質問を求めて、取調べがどのような意味で違法・不当であったのか被告人に語らせる。その後、検察官側がこれに反証するために、現に取調べを担当した刑事などを証人として呼ぶことになる。

　こうした意味でも、被告人質問がなされる。以下は、被告人質問の場面で行われる検察官側の「反対質問」の例である。

【シナリオ解説】第８講で扱った殺人事件を前提にしている。被告人は事件現場から逃走していたが、近くの駅で警察官に職務質問を受け、その後交番、警察署へと順次任意同行を求められて取調べを受けて自白に至り、逮捕されている。

通訳のポイント　被疑者取調べの状況を質問する場合、やや複雑な構文が出てくる。例えば、「あなたのほうで殺したと言わなかったのであれば、当時事件のことは何も知らない刑事が調書にわざわざ『殺した』と嘘を書くはずはないのではないですか」など。日本語自体が理解しがたい時には、あらかじめ質問者にその意味を確認してから通訳をしなければならない。あいまいなまま通訳をして、質問者の発問の意図が先に被告人に伝わることは避けたい。

■ **検察官の被告人反対質問**

検察官　ＪＲの××の駅から交番に連れて行かれた時のこと、覚えていますね。

被告人　はい。

検察官　その後、警察署に行って、殺人を担当する刑事に取調べを受けたでしょ？

被告人　はい。

検察官　その時、「マンションから逃げてきた、人の首を絞めて殺した」と説明したのではなかったですか。

被告人　はい。

検察官　それで、警察官は、その通りに供述調書に記載したのではなかったですか。

被告人　いいえ。

検察官　いいえとは、どういう意味ですか。
　　　　警察署の刑事には、あなたは「人を殺した」と説明したのですね。刑事は、その通り、調書に記載したのではないのですか。

被告人　私は、「人を殺した」と言っていない。

検察官　じゃ、取調官が勝手にこんなこと書いたのですか。

被告人　私は、「首を絞めた」と言った。「殺した」と言っていない。

検察官　首を絞めたから、死んだと説明したのではなかったですか。

被告人　はい。

検察官　それで、調書の内容を読んで聞かせてもらって納得したからサインをしたのでしょう。
被告人　マンションで、首をしめて、拳銃防いで、逃げてきたという格好をした。
　　　　通訳の人がいなかったので、警察官が話しました。
検察官　交番の警察官が取調官の通訳をしたのではなかったですか。お巡りさんは英語は話せたのではないですか。××駅前交番の警察官は、英検２級以上の人を出しているんですよ。刑事は、あなたの説明を聞いて、「殺した」と通訳してもらって、調書に書いてるはずですよ。
被告人　でも、英語は下手だった。私には分らなかった。
検察官　しかし、検察官の弁解録取書でも、「乙山を殺したことに間違いはありません」と記載されています。ここでも、こう説明したのではなかったですか。
被告人　弁解録取書ってなんですか。
検察官　司法警察員、交番に居るお巡りさん、交番からあなたを警察署に連れていって、刑事さんに引き渡したでしょ。で、刑事さんが「逮捕する」と告げたでしょ。そのあと検察庁に行きましたね。そこで、検察官が、最初に事件のことについて聞きましたね。その時のことです。
被告人　誰が誰だか、分りませんでした。
検察官　あなた、答えをはぐらかしなさんな。まっとうに答えなさい。
裁判官　検察官、この辺でいったん休廷にします。

第10講　被告人質問（２）―捜査段階の取調べ状況について

　　はじめに　　被告人が捜査段階の自白調書は違法不当な取調べがなされた時のものであると主張する時、様々な内容を語る。脅迫、暴言、侮辱的な言葉、大声、さらには暴力行為などもある。通訳人が捜査官の意図を勝手に汲んで自白を迫る例もないではない。

【シナリオ解説】第９講の続きである。被告人が、捜査段階の取調べで、乙山に対する殺意を認める供述をした理由を説明しはじめる。通訳人の誘導、脅迫などがあったという。

　　通訳のポイント　　取調べは密室で行われる。何があったのか、当事者しか知らない。そのため、被告人が思いもかけない主張や事実の説明、ストーリーの展開をすることもないではない。傍聴席で聞いていても、「そんなことが？」と疑問に思う場合もある。しかし、通訳人は、どのような話に対しても感情を表に表すことなく、冷静に対処しなければならない。

■ 検察官の被告人反対質問（続き）

検察官　1999年12月４日付け員面を示します。ここに、「首を絞めた時、このまま絞め続けると相手が死ぬかもしれないと思った」と書かれています。
　　　　取調べの時に、こう説明したのでしょ？
被告人　いいえ。「相手が、拳銃を取り出せないように、首は絞めただけだ」と説明しました。
検察官　調書にあなたの署名があるのですが、読み聞かせてもらって、サインしたのですか。

被告人	通訳人は、早口で読んでいてよく分りませんでした。それに、警察官が取調べをしたことを書類に残すのだから、とりあえずサインしろと言ったので、サインしました。
検察官	取調官が取調べをしたことを書類に残すのだから、サインしろと言ったのは誰ですか。
被告人	通訳人です。
検察官	それは、警察官が述べたことを通訳したという意味ですか。
被告人	いいえ。それは、通訳人が自分で話したことです。
検察官	通訳人が、勝手に調書とはそんなものなのだ、と貴方に説明したのですか。
被告人	はい。それに、早くサインしないと俺の仕事が遅れると怒鳴られました。
検察官	通訳人が怒鳴るのを、取調官も聞いていたのですか。
被告人	その時は、取調官は用事で部屋の外に居ました。
検察官	次に、調書の記載では、故意に、つまり、殺意をもって、首を絞めたと記載されています。そのことも、分った上で署名しましたね。
被告人	いいえ。私は、相手が拳銃を取り出すかも知れないので、自分を守ろうと思って夢中で首を絞めただけだと述べたのです。
検察官	通訳人がどんな英語を使ったか、記憶していますか。
被告人	いいえ。英語は母国語ではないので、聞いた時には分ったつもりだったけれども、覚えているのは無理です。
検察官	もう一度確認しますが、このサインはあなたのものですね。
被告人	はい。
検察官	以上です。

第2部

法律用語・専門用語

この章では、司法通訳業務において頻出する用語を扱う。司法通訳において最初に通訳人を悩ませるのが、使われる用語の難解さである。しかし、出てくる用語はある程度限られているので、仕事の回を重ねるうちに慣れてくるものだ。
　通訳人を悩ませる用語には、大きく分けて3つのタイプがある。まず、法律や司法手続きに関する用語。次に、法医学や薬物などのような、分野別の専門用語。そして、一見日常語のように見えて、実は法的に特殊な意味を持っている用語である。
　この章では、これらの用語をタイプ別に解説していくが、主なものを通訳人からの質問に法律家が答えるという形で詳しく説明し、その他いくつか代表的な用語についても解説する。
　なお、ここで扱う用語は、犯罪の成否に関わる用語や刑事裁判で使われる用語に限定している。従って、同じ言葉が他の分野では違う意味に使われることもあるので、注意していただきたい。

第1講　概念が紛らわしい用語　その1

> 1)「前科」「前歴」
> 2)「抗告」「準抗告」「上訴」
> 3)「判決」「決定」「命令」
> 4)「押収」「差押え」「領置」「没収」

1)「前科」「前歴」

Q 「前科」と「前歴」という言葉がよく出てきますが、この2つは一体どう違うんだろう、と通訳人の間で問題になることがあります。「前科」「前歴」があるとかないとかいう表現が出てくると、私たち通訳人は、それほど深く考えることなく、例えば英語で言えばcriminal recordといったような訳し方をすると思うんです。実際、広い意味で捉えた場合、このような訳でも特に問題はないと思いますが、「被告人には『前科』はないが『前歴』はある」というような文章が出てきたら、困るわけです。「前科」「前歴」という言葉は法的にどのような解釈がされているのでしょう。

A 「前科」というのは成人になってから刑罰を受けたという意味です。従って、「前科がない」ということは、成人になってから一度も有罪判決を受けたことがない、ということです。「前歴がない」という言い方は、弁護士などの間でも色々な意味に使われています。一般的には、少年の時に、家庭裁判所で非行事実ありということで処分を受けたことがある、というのを「前歴がある」といい、そして、少年の時にそういうことがないことを、「前歴もない」といいます。でも、弁護士の中には、逮捕されたことも警察の厄介になったこともないという意味で、「前歴もない」という言葉を使っている方もおられるようです。このように、弁護士によって若干ニュアンスが

違うこともあるようです。でも、基本的には「前歴」は少年時代、「前科」は成人になってから有罪判決を受けた、という意味に取って下さって間違いありません。また、成人になってからの起訴に至らない犯歴についても、「前歴」という言い方をします。

2）「抗告」「準抗告」「上訴」
Q　それほど多く出てくるわけではありませんが、今ひとつ概念がはっきりしない言葉として、「抗告」、「準抗告」があります。調べると、「不服申し立て」という意味のようですが、「控訴」「上告」というような「上訴」とどう違うのですか。
A　裁判官といえども判断を誤ることはあります。そんな時には、その間違った判断を正さないといけません。その救済手段として、判決に誤りのある場合には、控訴や上告の手続きがありますが、「抗告」や「準抗告」もそのような救済手段の一つです。
　「抗告」も「準抗告」も裁判所等の判断に対する不服申立てという点は同じなのですが、不服申立ての対象となる判断を行ったのがどの機関か、救済を求める先はどこなのか等によって、ある場合には「抗告」、ある場合には「準抗告」という具合に2つの用語が使い分けられています。
　さて、裁判には「判決」「決定」「命令」という3つの種類があるのですが、判決に対して不服がある時に行う不服申し立てが控訴や上告であることは、今さら説明の要らないことだと思います。それに対して「抗告」と「準抗告」は決定や命令に対して不服がある時に行うものです。
　「準抗告」は、捜査の時や第一回公判前までに裁判官が行う裁判手続きに関する様々な処分などに対して不服を申し立てることです。勾留や保釈に関してよく使われます。「抗告」は、裁判所の判断に対する不服申し立てのことです。

3）「判決」「決定」「命令」

Q　それでは、今出てきました「判決」と「決定」・「命令」とはどういう違いがあるんでしょうか。

A　裁判という言葉を聞いて最初に頭に浮かぶのが、「被告人を懲役〜年に処する」といった「判決」です。しかし、裁判と言われるもので通訳人にも馴染みのあるものがもう一つあります。被疑者逮捕の翌々日ぐらいに裁判所で勾留質問の裁判を行います。あれも裁判という名前がついている通り、裁判の一つなのです。ここで出されるのが「命令」です。「決定」は、要通訳事件などでお目にかかることはまずありませんが、訴訟条件を欠く時（例えば被告人が死亡した時など）に裁判を打ち切る公訴棄却の決定と呼ばれるものなどがそれです。この「決定」というものは、有罪無罪に関係ない手続きに関して裁判所が行う意思表示です。それに対して、勾留等の裁判、つまり「命令」は裁判官が行う意思表示なのです。ですから、意思表示の主体が異なります。

以下、「抗告」「準抗告」や「判決」「決定」「命令」の関係を表で示してみる。

時期	捜査から第一回公判まで	第一回公判以後	
誰が	裁判官	裁判所	
意思表示の形	決定・命令	決定	判決
例	捜索差押許可状や勾留命令など	勾留や保釈の決定など	有罪・無罪の判決など
不服申立	準抗告	抗告	控訴、上告

4）「押収」「差押え」「領置」「没収」

「押収」…………物の占有を取得する処分のことで、「差押え」「領置」「提出命令」の３つが含まれる。捜査段階では「差押え」と「領置」だけが認められている。

「差押え」………所有者、所持者から、証拠物または没収すべき物と思われる物の占有を強制的に取得する処分のことである。

「領置」…………被告人その他の者が遺留した物、または所有者・所持者もしくは保管者が任意提出した物について、その占有を裁判所や捜査機関が取得することである。

「没収」…………刑法上の付加刑で、犯罪に関連する物の所有権を剥奪して国庫に移す刑罰のことである。

これらを簡単に表にまとめると以下のようになる。

	物品はその後…
押収 裁判所が物品を証拠として保全すること。その手続きは、物品を入手・保管・管理する方法によって以下のとおり分類される： ★差押え （相手が出してくれない物の占有を取り上げる。） ★提出命令 （証拠となる書類や物などを出させる。） ★領置 （放置もしくは任意提出された物の占有を取得する。）	捜査や裁判が終了し、必要がなくなれば、還付手続きなどで返してもらえることもある。
没収 取り調べた結果、裁判所が取り上げてしまうこと	二度と返してもらえない。

第2講　概念がまぎらわしい用語　その2

> 1)「勾留」「拘留」「拘束」
> 2)「告訴」「告発」と「公訴」「起訴」
> 3)「証拠能力」「証明力」「信用性」「任意性」
> 4)「科料」「過料」
> 5)「罰金」「追徴金」

1)「勾留」「拘留」「拘束」

Q　刑事手続きにおいてよく聞く言葉に「こうりゅう」というものがありますが、これには2種類ありますね。「勾留」と「拘留」です。さらに、「拘束」という言葉もありますね。これらの表現の厳密な意味の違いは何ですか。

A　「勾留」とは、逮捕して、その後検察官が勾留の請求をして、裁判官が勾留状というものを出して、10日間あるいは延長してさらに10日間、捜査段階で身体を拘束して、基本的には取り調べをする、そういう意味での身体の拘束のことです。さらに起訴された後も、保釈されずに身体の拘束が続くことも、この「勾留」です。

　「拘留」というのはこれとは全く違います。刑法の16条にありますが、「拘留」とは1日以上30日未満拘留場に拘置する、という刑罰の一つです。懲役というのは1ヵ月以上、下手をすると無期になりますが、「拘留」とは懲役のぐっと短いものだと考えて下さっていいです。従って、「勾留」と「拘留」とは全く違うのです。

　次に「拘束」という言葉ですけど、これはいろいろなところで使われます。「身柄を拘束する」という表現をよくします。「あなたはもう3ヵ月間も身柄を拘束されて、もうこりごりしたでしょう。」というようなことを言うわけですが、逮捕、勾留をして外に出さな

い、というのが、この場合の「拘束」です。

2)「告訴」「告発」と「公訴」「起訴」

Q 裁判に関する言葉で「訴える」という漢字の付く言葉がたくさんありますが、「告訴」「公訴」「起訴」など、それぞれどういう意味で使われているんでしょうか。

A 分りやすいものからご説明します。例えば、強制わいせつを受けた女性が「告訴」する、というようなことをよく言います。「告訴」というのは、被害の申告をして犯人に対する処罰の意志表示をすることです。被害に遭ったことを申告するだけだと、俗に言う「被害届」ということになりますが、「告訴」というと、犯人を処罰してほしいと訴えることです。なお、強姦など、「告訴」がなければ検察官が起訴できない犯罪があります。それを「親告罪」と言います。

「告発」とは、犯罪に直接関係ない第三者が、犯罪があることを捜査機関などに申告して、処罰してほしいと求めることです。

「起訴」というのは、捜査をした結果、裁判にかける必要があるということになった場合に、裁判所のほうに訴えを起こして、裁判を求めることです。そして、「起訴」のもとになるのが起訴状というもので、それには「左記公訴事件について公訴を提起する」と書いてあります。誰々に対するどういう事実について公訴を提起するのか、という形で事件の特定がなされます。こうして「公訴」を提起することを「起訴する」と言います。

3)「証拠能力」「証明力」「信用性」「任意性」

「証拠能力」………証拠として許されるかどうかという、公判で取調べの対象となる適格性のことを言う。例えば、検察官が請求する証拠について弁護人が「(採用に) 同意します。」と言い、それに対して裁判官が「では採用して取り調べます。」と言う。この時点で初めて、証拠に「証拠能力」が与えられる。つまり、証拠に対し、「裁判官が証拠として

見てもいいですよ」という法律上の資格が与えられる、ということである。反対に、弁護人が「(採用に)不同意とします。」というと、裁判官が「任意性についてか、信用性についてか、どちらですか？」と聞いてくる。ここで出てくる「任意性」「信用性」とは、以下の意味である。

「任意性」…………被告人が不当な取り調べによって、自己の意志に反して供述した場合は、その供述は「任意性」がないとして争われる。

「信用性」…………一方、供述の内容など、証拠の信憑性が疑わしい場合は、その「信用性」が問われることになる。

「証明力」…………証拠としての価値があることを言う。証拠として認められるが、その価値に疑問がある時、つまり、「証拠能力」はあっても、有罪の決め手になるかどうか微妙な場合、その証拠の「証明力」が争われることになる。

4)「科料」「過料」

「科料」……………刑法の規定する主刑の一つで、軽微な犯罪に科する財産刑である。現行刑法では、千円以上1万円未満となっている。

「過料」……………現在、軽い禁令を犯した者に支払わせる金銭のことである。これは行政罰であり、刑法上の刑罰ではない。

5)「罰金」「追徴金」

「罰金」……………刑罰の一種。犯罪行為に対するペナルティーを金銭的制裁という形で科すことである。

「追徴金」…………刑法上、没収されるべき「物」に代わってそれに相当する「金額」を徴収すること。犯罪行為によって不当に得た利益を取り立てる、もしくは吐き出させること(例：贈収賄事件など)。犯罪で得をさせないというのがその趣旨である。

第3講　罪名等

---

1)「正当防衛」「過剰防衛」「誤想防衛」「緊急避難」
2)「不正作出私電磁的記録供用罪」「不正作出公電磁的記録供用罪」
3)「窃盗」「窃取」「強盗」「強取」「恐喝」「喝取」「詐欺」「騙取」
4)「偽造」「変造」「改ざん」

---

1)「正当防衛」「過剰防衛」「誤想防衛」「緊急避難」

Q 「正当防衛」という言葉は、日常生活でもよく使われ、ある意味では、非常にポピュラーな表現ですが、その法的定義はどういうものなのでしょうか。また、「過剰防衛」「誤想防衛」「緊急避難」という表現も耳にします、字を見れば意味はなんとなく分りますが、その内容を正確に教えて下さい。

A 「正当防衛」の定義は、「急迫不正の侵害に対して、自己または他人の権利を防衛するためにやむを得ず行われた行為」となっています。これには、実際に侵害が存在し、それが差し迫ったものであるなど、いくつか満たされなければならない要件があります。「正当防衛」が認められれば、無罪になります。

　ところが、急迫不正の侵害に対して、自己または他人の権利を防衛するためにした行為であっても、防衛の手段として相当な限度を超えてしまうと「過剰防衛」であるとされます。例えば、素手でなぐりかかってきた相手に対して、ナイフで反撃し、刺し殺してしまったりすれば、「過剰防衛」になります。ただし、相手がプロのボクサーで、素手でも命の危険を感じたというような場合は、そんなに簡単に「過剰防衛」であると言い切ることはできないでしょう。

　次に、「誤想防衛」ですが、「正当防衛」の客観的要件が備わっていると誤信して防衛行為を行ったが、実際にはその要件がなかった、

というのが定義です。例えば、AとBが言い争っており、Aがポケットに手を入れたのを見たBが、ナイフか何かを取り出すと思って、自分を守るために、そばにあった棍棒でAをなぐって死なせてしまった。ところが、Aは単に、ポケットからハンカチを出そうとしていただけだった、というような状況です。急迫不正の侵害の存在を誤想したということです。

あるいは、防衛行為そのものに関しての誤想があった、というような場合もあります。極端な例をあげますと、自己の防衛のために近くにあった棒をつかんで反撃したら、その棒だと思っていたものが日本刀であった、というような状況です。つまり、不相当な防衛行為をしてしまった、という場合です。

次に、「緊急避難」とは、「自己または他人の生命、身体、自由もしくは財産に対する現在の危難を避けるために、やむを得ず行われた行為」と定義されます。例えば、自動車を運転していたら、対向車が蛇行して自分のほうに向かってくるので、それを避けるためにハンドルを切ったら、道沿いに建っている家に突っ込んで破壊してしまった、というようなケースです。これが成立するためには、かなり厳しい要件を満たしている必要があります。この「緊急避難」に関しても、「正当防衛」の場合のように、「過剰避難」「誤想避難」という概念があります。

また、「誤想過剰防衛」「誤想過剰避難」というように、「誤想」と「過剰」の両方が当てはまる場合もあります。

2）「不正作出私電磁的記録供用罪」「不正作出公電磁的記録供用罪」

Q 最近、「不正作出私電磁的記録供用罪」という罪名をよく耳にします。これと対を成すものに「不正作出公電磁的記録供用罪」がありますが、これらはまるで中国語のように見える漢字ばかり連なった難しい表現です。これらはどういう罪なのでしょうか。

A まず、「不正作出私電磁的記録供用罪」ですが、「私電磁的記録」とは私文書に対応するもので、個人の権利義務のようなものを文書に

記載する代わりにカードのようなものにしたものです。例えば、テレフォンカードであれば、NTTの電話回線を使用する権利、キャッシュカードであれば、銀行等における預金債権といった個人の権利義務を表します。それを不正に作成し、「供用」、つまり、使用のために提供した、あるいは使用した、という罪なのです。

「不正作出公電磁的記録供用罪」ですが、「公電磁的記録」とは、「私電磁的記録」に対し、自動車登録ファイル、納税者の登録ファイルといった、公のものを指します。それを不正に作成し、「供用」、つまり、使用のために提供した、あるいは使用した、という罪です。

3）「窃盗」「窃取」「強盗」「強取」「恐喝」「喝取」「詐欺」「騙取」

物を取る行為にも色々ある。簡単にまとめると以下の表のようになる。

行為そのものを指す表現と罪名としての表現は異なるので、注意していただきたい。

犯行	罪名	罰条	刑罰	財産犯の性格	被害者の心理状況
窃取	窃盗	刑235	懲役10年以下	誰にも知られることなく、占有を侵害して盗む。	盗まれたことに後から気づく。
騙取	詐欺	刑246	懲役10年以下	被害者が騙されていると気づかないように、被害者自身の意志で占有を放棄させる。	占有物を「手放す」という意識がある。実はだまされていたと後から気づく。
喝取	恐喝	刑249	懲役10年以下	被害者が占有を放棄するに至る暴行・脅迫の程度が比較的軽い。	占有物を「手放す」という意識がある。怖くなって渡してしまった。
強取	強盗	刑236	懲役5年以上有期	盗みの手段として暴行等を用い、所有者の反抗を制圧して占有を侵害する。	占有物を「手放す」という意識がある。抵抗できない程度の恐怖を味わって渡してしまった等。

概ね以上のように分類することができるが、喝取と強取を明確に区別するのは非常に難しい。被害者が反抗を抑圧されるかどうかで区別するのであるが、犯人と被害者の体格差や、脅迫に使われた器物の性質・犯行の時間帯などを考慮した上で、どちらに当たるかが決められる。公訴事実において、強取の場合は「被害者は反抗を抑圧されて」、そして、喝取の場合は「被害者は畏怖して」、のように表現される。

窃盗・強盗については、「〜致傷」「〜傷害」などと一緒になると、刑はかなり重くなる。

4）「偽造」「変造」「改ざん」

「偽造」「変造」……「偽造」が、簡単に言えば偽物を作り出すということであるのに対して、「変造」は、本物に加工したり、変更を加えたりすることである。

「偽造」……………通貨やカード類の「偽造」の場合は、その製造や発行の権利を持たない者が、一般人に対して本物であると誤信させるようなものを作り出すことを言う。

　文書の「偽造」は、作成権限のない者が他人名義の文書を作成すること（有形偽造）と、作成権限を有する者が真実に反した内容の文書を作成すること（無形偽造）に分けられる。

「改ざん」…………例えば、「通話可能度数が正規の度数以上に改ざんされたテレフォンカード」というような使われ方をするが、本物を加工したり変更を加えたりするという意味で、「変造」の罪になる。

Step Up 8　公訴事実

■ 裁判のはじめに、検察官が起訴状を朗読する。声を出して読むのは、「公訴事実」の欄に記載されている部分とその後の罪名、罰条である。
　公訴事実は、犯罪の骨子、骨格あるいは概要と検察官が成立すると判断する犯罪の評価、つまり、犯罪の事実と評価をコンパクトに書いている。この書かれた内容そのものを「訴因」と言う。
　読み上げられる訴因の通訳に誤りがあったからといって直ちに手続全体が違法になったり、あるいは「えん罪」につながるような被告人側の防御の失敗を生んだりすることはない。だが、慎重に訳することは当然求められている。
　というのも、例えば、「人の物をとる」行為の記述にも「窃取、騙取、喝取、強取」などがある。成立する犯罪は、窃盗、詐欺、恐喝、強盗である。犯罪の性質も、予定される刑罰の重みも全く異なる。
　英語であれば《steal '《defraud '《extort '《rob 'などの用語を適切に選択する必要がある。被告人が「はい」、「いいえ」と答えるのは、通訳人の選択した語に対してである。そこに日本語との不一致があると、思わぬ混乱を招く。以下、公訴事実の例を挙げる。

▷**窃盗罪**（刑法235条）
　「被告人は、平成○年○月○日午前零時7分ころ、○○市○○区北○丁目18番1号○○電鉄株式会社○○駅を減速走行中の○○駅発○○駅行き電車2両目車両中央部付近において、網棚から○○○所有にかかる携帯電話など4点在中のセカンドバック1個（時価合計2万1000円相当）を窃取したものである」。
▷**詐欺罪**（刑法246条1項）
　「被告人は、○○国籍を有する外国人であるところ、商品の返品又は交換名下に商品券類似の商品お取換票又は証人を騙取しようと企て、平成○年○月○日午後2時50分ころ、○○市○○町○丁目○番○号○○株式会社○○百貨店○○店2階婦人服売り場において、同店店員○○らに対し、真実は、同店売り場に陳列してあったワンピースの値札をちぎり取った上、ハンガーから取り外してきたものであるのに、その事実を秘し、あたかも右ワンピースは同売り場で購入したものでありこれを返品に来たものの如く装い、メモ紙に『以前買いました』『間違い』『11号』『交換』などと記載して同ワンピースを示し、『以前買ったワンピースを11号サイズのワンピースと交換してもらいたい』旨の嘘の事実を申し向け、同女らをし

てその旨誤信させ、よって、そのころ同店店員〇〇〇から、在庫がなかった11号のワンピースの代わりに商品お取換え票（額面2万8119円）1枚の交付を受けてこれを騙取したものである」。

▷**恐喝罪**（刑法249条1項）

　「被告人は、〇〇国籍を有する外国人であるところ、同じ国籍を有する〇〇から金員を喝取しようと企て、平成〇年〇月〇日午前9時15分ころ、〇〇市〇〇町〇〇丁目〇〇番〇〇号〇〇銀行〇〇支店駐車場において、右〇〇に対し、顔面に険しい表情をつくった上、『金をよこせ。通帳と印鑑もよこせ。俺が今後必要だから』などと申し向けて金員等の提供を要求し、もしこの要求に応じなければ同人の身体等にいかなる危害を加えるかもしれない気勢を示して脅迫し、その旨同人を畏怖させ、よって、そのころ同所において、同人から現金56万円、同人名義の預金通帳2通並びに同通帳登録印鑑2個の交付を受けてこれを喝取したものである」。

▷**強盗罪**（刑法236条1項）

　「被告人は、知人の〇〇（当時22年）から金員を強取しようと企て、国の母親に見せたいので現金2万ドルの写真を撮らせて欲しいなどと申し向けて、右〇〇に2万ドルを用意させた上、平成〇年〇月〇日午後5時45分ころ、〇〇市〇〇区〇〇町〇丁目〇番〇号〇〇ビル2階〇号室の同人方において、同人に対し、出刃包丁（刃体の長さ約18センチメートル）及び柳刃出刃包丁（刃体の長さ約29.2センチメートル）を突き付け、『金のためならお前を殺す。』などと申し向けて脅迫し、その犯行を抑圧した上、同人管理の右現金2万ドル（邦貨249万3000円相当）を強取したものである」。

（渡辺・記）

第4講　対比的概念を持つ用語

> 1）「実刑」「執行猶予」
> 2）「一般予防」「特別予防」
> 3）「甲号証」「乙号証」
> 4）「自由刑」「財産刑」
> 5）「共犯」「共同正犯」「共謀共同正犯」
> 6）「確定的故意」「未必の故意」

1）「実刑」「執行猶予」

Q　よく聞く表現で「実刑」という言葉があります。「実」という漢字がついているのだから「実際の刑」であると勝手に解釈して、punishment in real term のような訳し方をしたという話も聞きます。でも通訳を何度もやっていくうちに、「執行猶予」に対して「実刑」という使われ方とすることに気がつきます。この２つの概念について説明をお願いします。

A　実際に刑を科すのが「実刑」です。つまり、判決言い渡しの後、すぐに刑を科しますよ、というのを「実刑」と考えていいです。実際に刑を科すのをしばらく猶予しますよ、というのを執行猶予といいますが、判決が出て刑を宣告されても、「執行猶予」が付けば実際に刑に服す必要がないですので、これは「実刑」ではない。つまり、「執行猶予」が付かずに刑に服さなければならないことを「実刑」と表現するわけです。このように「執行猶予」との対比で「実刑」というものを考えて下さればいいです。

　この「執行猶予」ですが、懲役刑のようなものだけでなく、罰金刑にもあります。あまり経験することはありませんが。

2）「一般予防」「特別予防」
Q 検察官の求刑などで、「一般予防の見地から……」というような、適正な量刑を求める言い回しをよく聞きます。この中にあります「一般予防の見地から」という表現は、「みせしめのため」のような意味なのでしょうか。
A 刑法の目的は、一つには罪に対して罰することで、もう一つは、将来の法律違反行為を抑止することです。そして、この「抑止」にも2種類あり、一つは、ある人を罰することで、社会一般の人々に、このような罪を犯してはいけないというメッセージを送ることです。つまり、他の人々に警告を与えるという意味です。これを「一般予防」といいますが、「みせしめ」のような意味だと考えていいでしょう。もう一つは、一度罪を犯した人に二度と罪を犯させないことであり、まさにその人本人を更生させるという意味です。これを「特別予防」と言います。

3）「甲号証」「乙号証」
こういった証拠の分け方には法的根拠はないが、便宜上使われている。
「乙号証」…………被告人自身の供述調書、戸籍、前科・前歴など、被告人自身の身上に関する記録などを言う。
「甲号証」…………上記以外の証拠を言う。
ただし、民事訴訟においては、原告側の請求する証拠を「甲号証」、被告側の請求する証拠を「乙号証」と言い、刑事訴訟とは異なるので、注意が必要である。
また、刑事訴訟でも、弁護側の提出する証拠を「弁〇〇号証」と言うことがある。

4）「自由刑」「財産刑」
「自由刑」…………自由を剥奪することを内容とする刑罰のことである。懲役、禁固、拘留の総称である。
「財産刑」…………「自由刑」と対比をなすもので、財産の剥奪を内容と

する刑罰である。罰金、科料、没収の類のものを言う。

5）「共犯」「共同正犯」「共謀共同正犯」

「共犯」…………複数の人間が犯罪を一緒に行うことを言うが、その中には、みなが正犯である場合もあれば、手助けだけをする幇助犯が含まれていることもある。

「共同正犯」………二人以上の者が、全員、正犯として処罰される場合に使う表現である。

「共謀共同正犯」…二人以上の者が共謀し、そのうちのある者が共同の意思に基づいて犯罪を実行した時に、自ら実行しなかった者をも含めて、全員を「共同正犯」として処罰できる。この場合を「共謀共同正犯」と呼ぶ。

犯罪計画立案の中心となった者が実際に直接参加しない場合が多いことや、共犯関係の中には教唆や幇助で単純に割り切れない場合が多いことから生まれた概念である。

6）「確定的故意」「未必の故意」

「確定的故意」……犯罪の実現をはっきり意識し、それを実現する意図を持ってその行為を行うことである。例えば、はっきり殺すという意図を持ってナイフで人を刺せば、「確定的故意」があったことになる。

「未必の故意」……「犯罪の実現を不確実なものとして認識している場合に認められる故意」と定義されている。つまり、ある行為を行うことで特定の結果が発生する可能性を認識しつつ、その行為を行うということである。結果の発生自体は確実でないが、発生するかもしれないことを認識し、かつ、発生するならしてもかまわないと認容する場合を「未必の故意」と言う。

第5講　難解な言い回し

> 1)「未決勾留日数の算入」　4)「思料する」
> 2)「法定の除外事由」　　5)「諸般の事情」
> 3)「相当法条適用」

1)「未決勾留日数の算入」

Q　通訳人が判決文を訳す時によく出くわす「未決勾留日数を算入する」という表現ですが、この表現は具体的にはどういうことを意味するのでしょう。

A　通常、刑事事件では、警察が逮捕状という書類によって逮捕し、48時間以内に、検察庁に送検するという手続きを取ります。そして24時間以内に、検察官が、裁判所に、一定の期間、被疑者の身体を拘束してほしいという勾留手続きを取ります。この勾留は最大10日間、さらに必要があれば10日以内で延長することも認められます。従って、通常、人が逮捕されてから最大で23日間以内に、裁判を提起するかどうか、つまり起訴するかどうかを検察官が決めます。

　そして、裁判をすることになると、「起訴後の勾留」といって、ここでまた身体が拘束されることになります。このように、裁判が終わるまでの間、被告人は拘置所などで身体を拘束されるわけですが、この期間を「未決勾留期間」と呼びます。

　それでは、「未決勾留日数の算入」ということですが、もし被告人に対する判決が懲役1年6月であるとし、それまで拘束されていた期間が2年間であったとします。これを単純に足すと、合計3年6月拘束されることになるわけです。でも、この未決勾留の期間というのは、被告人が徹底的に争ったから2年にもなったという場合もあるでしょうが、裁判所の都合でそうなったということもあるわ

けです。例えば、2週間に一度裁判をやっていれば半年で終わったのに、裁判所の都合で3ヵ月に一度しか裁判が行われなかったという場合もあります。そうなると、本人のせいではないのに色々な事情で勾留期間が長くなったのは気の毒だということで、その期間のうちいくらかの部分を、もう刑を受けたことにしようと、その1年6ヵ月という服役期間に含めるのが「未決勾留日数の算入」ということです。

例えば、「未決勾留日数中150日を右刑に算入する」のように表現されます。場合によっては、「未決勾留日数」中、刑に算入する日数が多くて、判決が出てもそのまま釈放ということになったりもするわけです。その場合は、「未決勾留日数中、刑期が満ちるまでの日数を算入する」と表現します。

つまり、未決勾留日数とは、裁判が終わるまでに実際に身体を拘束されていた期間であり、その期間の中のいくらかを刑の中に入れて刑を減らしてあげようとすることを、「未決勾留日数の算入」と言います。

2)「法定の除外事由」

Q 起訴状で「被告人は法定の除外事由がないのに、覚せい剤を所持し……」というような表現がよく出て来ます。初めて聞いた時に、「法定」を「法廷」と勘違いしてしまった通訳人もいたそうです。「法定の除外事由」とは、具体的にどのようなことを指しますか。

A これは、「法律で定められた例外ではないのに」という意味です。例えば、医者や化学者のように、薬物を常に扱う職業の人にとって、麻薬や覚せい剤に当たるものを持っていても、それは職業上認められていることです。普通の人であれば、法律違反になることでも、ある特定の人たちは、法律で例外であると定められているわけです。

ですから、そのような例外とされていない一般の人が、覚せい剤のようなものを所持していれば、「法定の除外事由」なしにそれを行っているわけであり、罪になるのです。薬物関係や銃刀法関係な

どでよく使われる表現です。

3）「相当法条適用」

「相当法条適用」という表現は、求刑の時などに、「相当法条適用の上、被告人を、懲役1年6月に処するのが相当と思料します。」というような形で出て来る。状況を考慮した上でそれに当てはまる法律の条文を適用する、という意味である。漢字を見れば意味は明らかだが、耳から聞いただけでは分りにくい表現の一つである。

4）「思料する」

「思料する」とは、「思う」「考える」という意味の、法律上の判断を表す言い方である。実際の法廷で、弁護人や検察官が意見を述べる時に多用する表現である。また、例えば、刑法189条に、「犯罪があると思料するとき」というような表現がある。

5）「諸般の事情」

「諸般の事情」とは「取り巻くさまざまな事情」という意味である。例えば、論告で「以上、諸般の事情を鑑みて、被告人を○○に処するのを相当と思料いたします」のような表現の中に出て来る。

初めて聞いた時に、「諸般」を「初犯」であると勘違いし、「前科がないということを考慮して」という意味であると思ってしまった通訳人がいたそうだが、耳から音声だけを聞いていると、間違えやすい表現である。

第6講　一般用語の特殊な使い方　その1

```
1)「みだりに」「いたずらに」   4)「然るべく」
2)「ほしいままに」              5)「情を知らない」
3)「こもごも」                   6)「劣情をおぼえ」
```

1)「みだりに」「いたずらに」

Q 「みだりに」という表現がよく出てきます。「覚せい剤をみだりに使用した」というような形です。一般的には、例えば「みだりに口出しすべきではない」などのように、「むやみやたらに」とか「わけもなく」「思慮もなく」というような意味で用いられます。また、似たような表現で、「いたずらに」というものがありますが、これらの表現は、法律の世界では、何か特別な意味を持って使われているのでしょうか。

A 覚せい剤取締法に、「みだりに」ということばがそのまま出てきます。例えば41条には、「覚せい剤をみだりに本邦もしくは外国に輸入し……」という文章があります。また、覚せい剤取締法違反などの事件で、「被告人は法定の除外事由がないのに」という表現が使われますが、これは、法律で定められた例外ではないのに、という意味です。この、「法定の除外事由がないのに」と「みだりに」は同じだと考えていいと思います。

　覚せい剤取締法では、覚せい剤を所持していてもいいとされている人たちがいます。研究者や医者、または、覚せい剤を使って何かを作っている人ですが、この法律には、そういう、持っていてもいい人たちがずらりと挙げられているわけです。ですから、これらに当てはまらない人が覚せい剤を持っていたら、「法定の除外事由がないのに」ということになるのです。持つことに正当な理由がない

のに持っていたら、「みだりに」持っていたということなのです。
　「いたずらに」という言葉ですが、これは法律の条文の中では使われていないと思います。おそらく、弁護人が弁論の中で、あるいは、検察官が論告の中で使っているだけで、日常的な語感しかないようです。その意味については、使っている人それぞれの感覚に負うところが大きいので、通訳人にとっては、とても訳しにくい言葉でしょう。

２）「ほしいままに」
　以下のように、起訴状などに時々現れる表現である。

　「被告人は、平成〇年〇月〇日ころ、大阪府〇〇市〇〇町〇〇所在の株式会社〇〇事務所等において、行使の目的をもって、ほしいままに簡易印刷機を使用し、本邦に不法残留するＡの旅券の査証欄Ｘページに、在留期限は2004年〇月〇日、在留資格は定住者、在留期間は３年間、作成名義は日本国法務大臣等を内容とする日本国法務大臣作成名義の在留資格変更許可証１通を印刷するなどして偽造したものである。」

　「ほしいままに」とは、自分の思うとおりにふるまうようすを表す表現である。してはいけない不正なことであっても、自分の欲望のままに行った、というニュアンスを与えるために使われている。

３）「こもごも」
　「こもごも」とは、「互いに入れ替わって」「代わる代わる」という意味であるが、以下のように使われる。

　被告人は、Ａ、Ｂと共謀の上、所持金を強取する目的で、通りかかったＣに対し、「こもごも」その顔面、腹部などを多数回こぶしでなぐり……。

「こもごも」という表現は少し古風で文語的なので、あまり聞いたことがないという人も多いであろうが、「代わる代わるなぐった」というような状況を表すために、起訴状などでよく使われている。

４）「然るべく」
これは、法廷で、弁護人や検察官が、裁判手続きに意見を求められた時に用いる表現である。裁判所の判断や意見について、弁護人や検察官としては特に賛成もしなければ反対もしないので、そのように進めていってけっこうです、という意味で使われる。

５）「情を知らない」
「情を知らない」は「じょうをしらない」と読むが、「なさけをしらない」と勘違いしてしまうことがある。決して「心が冷たい」とか「人情に薄い」というような意味ではない。この言葉は以下のような状況で使われる。

被告人は……大麻を密輸入しようと企て、……封書内に隠匿した大麻樹脂約0.88グラム及び大麻草約5.93グラムを、同国内の郵便局から……通常郵便物として発送し、同国〇〇空港発の〇〇国際航空第〇〇便に搭乗させ、……関西国際空港に到着させて、「情を知らない」係員をして、これを機外に取り降ろさせ、もって、大麻を輸入させた……

「情を知らない」の「情」とは、事情という意味で、上記の例では、封書に大麻が入っているなどという事情については知らない係員、という意味である。

６）「劣情をおぼえ」
「劣情」とは、「性的欲情」という意味である。強姦事件の裁判などで、「性的な欲情を感じて」という場合にこの表現がよく使われる。また、「姦淫目的で」というような表現もあるが、「姦淫」とは、「不正な男女の交

わり」という意味の言葉である。

第7講　一般用語の特殊な使い方　その2

> 1)「所持する」「所有する」　　4)「同意」「不同意」「留保」
> 2)「悪徳」「凶悪」「悪質」　　5)「企てる」
> 3)「譲渡する」　　　　　　　　6)「確定する」

1)「所持する」「所有する」

Q　覚せい剤に関する事件などで、「覚せい剤を所持していた」という表現がよく使われます。この「所持していた」という表現ですが、「所有する」とどう違いますか。一般の辞書で引くと、「所持」は「持っていること、携帯すること」、「所有」は「自分のものとして持っていること」と出ています。つまり、自分のものでなくても携帯していれば「所持」になるのでしょうか。その法的な定義を教えて下さい。

A　「所持する」という表現が意味するのは、「自身の支配下に置く」ということです。つまり、「自身の管理下に置く」ということです。ある事件で、罪状認否の際に、起訴状の「被告人は、被告人の自宅で、覚せい剤〇〇グラムを所持していた」という部分に関して、被告人は「私がいた家には覚せい剤はあった。だけど、それは、一緒に住んでいたBさんのもので、私のものではない」と主張しました。被告人の頭の中には、自分の所有物であるかないか、ということだけしかなく、「自己の管理下にあったかどうかを尋ねているんですよ」と裁判官が説明しても、全く通じず、「持っていましたか」「私のものではありません」という問いと答が延々と続きました。

このように、自分の物ではなくても、つまり、「所有」していなくても、また、「放っておいただけだ」という弁解をしたとしても、それが自分の管理下にあって自由に処分できる状態であれば、法律

の目から見れば「所持」の状態にあると評価されます。その辺をのみ込めない時、被告人が「自分の物ではない」と主張することがあります。

　また、こんな例もあります。ある人が、自分のかばんを開けてみたら中に覚せい剤が入っているのが分った。でも、急いでいたので、「困ったな。警察に届けなければ」と思いながら、そのままかばんのふたを閉めて電車に乗った。次の駅で降りる時に、警察に止められて、かばんを開けさせられ、覚せい剤が見つかった。こんな場合は「所持していた」ことになります。

2）「悪徳」「凶悪」「悪質」

Q　裁判において、犯行についてそれが「凶悪」であるとか、「悪質」「悪徳」というように、「悪」の字を使った表現が何種類か出て来ます。日本の法廷というところは勧善懲悪的な雰囲気を多分に持っており、悪いやつをやっつける、みたいな要素がありますので、悪を表す言葉が非常にたくさん出てくるのかもしれません。「悪徳ブローカー」「まことに凶悪」「犯情が悪質」など色々あります。これらの表現には、やはり微妙なニュアンスの差があると思いますが、法律家の方は、どう使い分けているのですか。

A　悪を表す言葉のグレード付けということですが、皆がある程度の意識を持ちながら使っていることは間違いないと思います。例えば、論告の中で「凶悪」という言葉を使う時と、「悪質」という言葉を使う時があるのですが、検察官は、「凶悪」という言葉の方を、「悪質」という言葉よりも、より悪いという意味を込めて使っていると思って間違いないでしょう。でも、せいぜいこの程度の違いであって、悪を表す言葉がその程度がひどい順に並んでいる、といったようなコンセンサスはありません。

　ところで、「悪徳」という言葉ですが、これは「凶悪」「悪質」という言葉とはその質が違っていると思います。例えば、「悪徳ブローカー」というものは、凶悪なイメージはないですね。道義的に悪

いことをやっているというイメージですから。

　「凶悪」と「悪質」との間にもう一つ微妙な違いがあるとすれば、それは、知能犯的なものを「悪質」と言い、粗暴犯的なものを「凶悪」と言う、ということかもしれません。刃物を使って何かをするようなことを「凶悪な」と表現したりしますし、詐欺犯的なものは「悪質な」とは言っても「凶悪な詐欺犯」というようにはあまり言いません。

3）「譲渡する」

　「譲渡する」という表現は、例えば「Aが路上でBにコカインを譲渡した」のような文章で出て来る。このような文章を聞くと、一般の人は、「売る」「手渡す」「与える」という状況を思い浮かべるが、これは、法的に言えば、物を管理したり支配したりする状態を相手に移すということである。従って、「売る」「手渡す」「与える」などは、その定義に合わないことになる。ちなみに英語では、convey や transfer というような、「移す」という意味を持つ言葉が訳語として使われる。

4）「同意」「不同意」「留保」

　これらは、裁判において、証拠請求に対する意見を述べる際に使われる表現である。検察官が、証拠等関係カード記載の各証拠の取調べを請求するが、弁護側がその証拠物の一つ一つに対し、「同意」か「不同意」かを明らかにする。あるいは、同意するかどうか検討中であれば、「留保」するというように、その意見を述べる。

5）「企てる」

　「被告人は、金銭を強取しようと企て、……」や、「被告人は、……かばんを窃取しようと企て」のように、「企てる」という表現がよく使われる。
　この「企てる」という言葉は、上記の例で言えば、犯行にいたるまでの間に「自分は盗むんだ」という認識がある状態のことを指すのであって、特に、犯行時から遡って具体的に犯行計画を立てていたとか、犯行

のための準備をしていたという意味ではない。「計画的に〇〇しようとした」というよりも、ただ単に「〇〇しようとした」という程度の言葉である。

6）「確定する」

　刑が「確定する」ということは、刑がそれ以上変わることがないということである。判決が言い渡された後、2週間以内であれば控訴や上告が出来るが、それをしない場合は、2週間後に刑が「確定する」ことになる。ところが、それ以上争う気がなく、上訴の意志がない場合には、上訴の権利を放棄する意志を書面で示すことが出来る。そうすれば、それが受け入れられた時に刑が「確定する」ことになる。

　また、最高裁で判決が言い渡された後には、訂正申し立て期間というものがあり、それが満了した時に刑が「確定する」のである。

第8講　犯行の状況に関わる言い回し

```
1)「なぐる」           5)「半身になる」
2)「刺す」「指す」「差す」  6)「土下座する」
3)「当てる」           7)「胸倉をつかむ」
4)「馬乗りになる」
```

Q　傷害事件などの裁判で、例えば喧嘩であれば、関係者たちが互いにどのように動き、裁判になるような結果を生じるに至ったかが、細かく聞かれます。その時に使われる言い回しには、裁判特有の意味合いがあるのでしょうか。

A　どのような動作をしたか、というようなことに関して、司法の場での決まった言い回しのようなものはあまりありません。その時の動作を、目撃者などが見たままに、なるべく正確に説明しようとしているだけです。

　裁判において再現される犯行の状況を表す表現には、相当の注意を払う必要があります。殺意があったかなかったか、あるいは、正当防衛か過剰防衛か、といった判定に直接関わる表現もあるのです。

1)「なぐる」

　「なぐる」にも色々ある。「手拳でなぐる」「平手でなぐる」「殴打する」「小突くようになぐる」。なぐり方によって、選ぶ訳語が変わってくる。ある例では、被告人がボクサーで、「殴った」を英語の punch という単語で表現したら、被告人から抗議されたそうである。なぜなら、その訳語では「拳骨で殴打する」という意味になり、ボクサーにとっては、それだけで罪になってしまうからという理由であった。

2)「刺す」「指す」「差す」

　「さす」という発音を持つ言葉はたくさんある。例えば、包丁やナイフに関して言えば、実際に人などに突き刺す意味の「刺す」。人などの方向に向けて突きつける、あるいは指し示す意味の「指す」。または、ベルトなどに固定する意味の「差す」などが挙げられる。うっかりしていると、突き刺したわけではなく、単にそちらの方向に向けただけの状況を、通訳人が「刺す」と訳してしまうこともあり得る。

3)「当てる」

　「当てる」も、「ぶつける」「押し当てる」など、色々な状況が考えられる。同じ「押し当てる」の意味であっても、例えば、ナイフで言えば、先端部分を当てるのか、腹の部分を当てるのかで、訳語が変わったりもする。

4)「馬乗りになる」

　これは、馬に乗るように、人や物にまたがることであるが、「両足を開いてまたがって座る」という動作であって、単なる「またがる」とは少しちがうので、訳す時に注意が必要である。

5)「半身になる」

　「半身になる」は、格闘技で使われる言葉で、相手に対して体を斜めに構えることである。

6)「土下座する」

　地面や床にひざまずいて頭を下げる動作である。相手に深く謝ったり、恭順の意を表す時にする。日本の伝統的な挨拶である正座してのお辞儀も似たような形になるが、持つ意味が全く異なる。「土下座」という動作の意味やニュアンスが伝わるように、訳出に工夫がいる。

7)「**胸倉をつかむ**」

　「胸倉」とは、着物や洋服の襟が合わさったあたりのことをいい、胸そのもののことではない。「胸倉をつかむ」とは、胸をつかまえるのではなく、胸のあたりで、着ているものをつかむということである。

　このように、実際の状況を示す表現を訳す時は、正確な状況判断が必要であり、思いつくままの訳語を安易に使うべきではない。不正確な裁判につながる可能性が生じるからである。また、どういう動作であったか正確に理解して訳さないと、裁判で混乱を生じさすことにもなりかねない。そして、この類の動作を表す言い回しは、日ごろ何気なく耳にし、使ってもいる表現だが、実際にそれがどういう動きなのか、正確に知っているとは言い切れない。普段から、注意しておくことが必要であろう。

第9講　医学用語

> 1)「扼殺」「絞殺」
> 2)「扼頸」「筋膜」「間接出血」「胸鎖乳突筋」など
> 3)「硬膜下血腫」「くも膜下出血」など

1)「扼殺」「絞殺」

Q　殺人事件で、被害者が絞め殺された場合に、「扼殺」という言葉と「絞殺」という言葉がよく使われるのですが、どのような違いがあるのですか。

A　「絞殺」も「扼殺」も、頸部圧迫による窒息死であることには変わりはありません。法医学的に見て、頸部部分の内出血の位置によって「絞殺」であるか「扼殺」であるか判断することが多いです。

「絞殺」とは、一般的にひも状のもので頸部を圧迫して窒息させることです。被害者の首に索状痕（ロープなどの跡）が残っていたりすると、「絞殺」であることがすぐ分ります。それに対し、手を使って窒息死させることを「扼殺」といいます。指の跡がくっきりと残っていたりします。

「絞殺」の「絞」が糸偏、「扼殺」の「扼」が手偏であることを見ても、納得がいきます。

2)「扼頸」「筋膜」「間接出血」「胸鎖乳突筋」など

　法医学の用語には、非常に専門的で難解なものが多い。以下、ある裁判での、法医学者に対する実際の証人尋問の一部を紹介する。

弁護人　今、直接の外力による出血の可能性を先生が認めておられるご証言をなさったと思うんですが、直接の外力作用がここに加わ

	ったとしますと、これは扼頸の通常の態様から言いますと、例外的な力の加わり方の部分になるんでしょうか。
証　人	そうです。
弁護人	そうしますと、筋膜下の出血の仕方の問題と、直接外力が加わったとすると、通常の扼頸に比べれば位置が不自然と言いますか、通常と異なると、その２点から間接出血の可能性を先生はお考えになったということですか。
証　人	はい、そうです。それから、こういうような出血というのは、筋肉群の胸鎖乳突筋の付着部分に存在する出血というものは、割合こういう扼頸の場合も出るものなんです。外力が作用しなくてもです。

　　　　　………………………………………………

弁護人	その発生機序として、可能性として最も考えられるものは、右の胸鎖乳突筋付近の出血は強力な呼吸作用による間接的出血、左の胸鎖乳突筋付近の出血は、筋肉内部のズレによる間接的出血、それから咽頭後壁上部の出血は、同じく組織の移動による間接的な出血であると、こういうことでございますね。

　この裁判での、判決理由の説明の一部も紹介する。

裁判官	鑑定によれば、頸部圧迫の異常な位置に位置移動があって直接圧迫していない筋肉、例えば右鎖骨上部の出血が起こったと仮定すると、頸部器官、特に年齢の高い者にしばしば生じる咽頭部の軟骨、舌骨等の骨折が見られるはずであるのに、本件ではそれが認められず、仮に骨折にまで至らなかったとしても、咽頭周囲の軟部組織に出血が生じるはずなのに、それもなく、咽頭部付近に見られる出血は、すべてリンパ組織の出血にすぎない、というのである。

　　　　　………………………………………………

裁判官	その全身所見、頸部外表所見、頸部内景所見などの点から検討

してきたが、〇〇の死因を頸部圧迫による他殺であると断定するには躊躇せざるを得ず、一方、他殺であることの合理的説明が尽くされない以上、〇〇が突発性心筋症によって病死した可能性も否定しきれないのである。

上記の例に見られる専門的な用語をいくつか解説する。

「扼頸」……………首を手で圧迫すること
「筋膜」……………１つの筋または筋群の表面を包む結合組織の薄い膜
「間接出血」………加えられた力や刺激などが直接引き起こすのではなく、それによって間接的に起こる出血
「胸鎖乳突筋」……首の筋肉の上部、鎖骨の内側から耳の後ろにかけて走る筋肉
「咽頭」……………鼻腔、口腔の後ろで頸椎の前にあり、下方は食道および喉頭に続き、食べ物の通路および発声に関係する
「軟骨」……………軟骨細胞と軟骨基質から成り、弾力に富み、骨とともに体を支持する組織
「舌骨」……………舌根の下部にある馬蹄形の小骨
「軟部組織」………骨などとは異なる、体の中の軟らかい組織。主に皮下組織や臓器の間の組織を指す
「リンパ」…………高等動物の組織間隙を満たす体液
「全身所見」………全身を見た上での医師などの判断や見解
「外表所見」………体の表面を見た上での医師などの判断や見解
「内景所見」………解剖して内部を見た上での医師などの判断や見解
「突発性心筋症」…突然起こる、心筋あるいは心内膜、時には心外膜にも及ぶことのある心筋疾患

3）「硬膜下血腫」「くも膜下出血」など
その他、よく出る表現に以下のようなものがある。
「硬膜下血腫」……頭部外傷により、硬膜（脳脊髄膜のうち最も外層のも

の）と脳表との間に出血し血腫（内出血の結果、血液が一局所に多量に溜り腫瘤状になったもの）を形成するもの

「くも膜下出血」…くも膜（脳脊髄膜のうち中間にあるもの）の内側の部位に出血すること

「脳挫傷」…………打撲・衝突・転落など、鈍性の外力の作用によって、脳組織の深部の軟組織を損傷すること

「皮下出血」………血液や血管の疾患、打撲などの外傷によって、皮膚の下に起きる限局性の出血

「挫裂創」…………皮膚や粘膜が裂け、かつ、皮下や深部の組織が損傷される傷

「溢血」……………身体の組織間に起こる出血。血管系から血液成分が出て、皮膚面に斑点を生じる

「生活反応」………出血・炎症性反応など、生存中でなければ見られない体の反応。死体の傷が生存中のものかどうかの判定に利用できる。

第10講　薬物用語

> 1)「親和性」「常習性」
> 2)「麻薬」「向精神薬」「覚せい剤」
> 3)「大麻」「大麻樹脂」「大麻草」
> 4)「あへん」「あへん煙」
> 5)「コカイン」「ヘロイン」「MDMA」「LSD」

1)「親和性」「常習性」

Q　薬物に対する「親和性」あるいは「常習性」という表現がよく使われます。この２つの言葉はどういう概念を持つのでしょうか。「常習性」という言葉は分るのですが、「親和性」が分りにくいです。

A　「親和性」とは、「親しみ結びつきやすい性質」という意味で、ある生体組織が特定の色素と結びついたり、あるウイルスが特定の細胞・器官などで増殖する傾向があることなどを言います。薬物に関して言えば、１つの化学物質が１つの臓器・組織、あるいは特定の細胞・細菌などに対して、他のものに対するよりも容易に、あるいは選択的に結びつこうとする性質のことです。ですから、例えば「アンフェタミンに対する親和性が顕著である」と言えば、体の組織がアンフェタミンという物質に結びつきやすくなって、慣れ親しんでいる状態のことです。

　「常習性」とは、同じ行為を繰り返す癖のことで、「常習性」があるからと言って、必ずしも「親和性」が顕著であるということにはならないのです。

2)「麻薬」「向精神薬」「覚せい剤」

「麻薬」‥‥‥‥‥麻酔作用を持ち、常用すると習慣となって中毒症状を

起こす物質の総称である。アヘンアルカロイド系、コカアルカロイド系、合成麻薬の3タイプがある。「コカイン」はコカアルカロイド、「ヘロイン」（ジアセチルモルヒネ）は半合成のアヘンアルカロイドで、この範疇に入る。

「向精神薬」………中枢神経系に作用して精神状態に影響を与える薬剤の総称である。これには鎮静剤、睡眠剤、精神安定剤などがあり、「覚せい剤」もその一つである。

「覚せい剤」………中枢神経系を興奮させ、眠気を抑える薬。「覚せい剤」には以下のようなものがある。
　　　　　　　　　「アンフェタミン」＝「フェニル・アミノ・プロパン」
　　　　　　　　　「メタアンフェタミン」＝「フェニル・メチル・アミノ・プロパン」

3）「大麻」「大麻樹脂」「大麻草」

　アサの1年草である「大麻草」（カンナビス・サティバ・エル）とその製品が「大麻」と呼ばれる。大麻取締法で規制されているが、大麻草の成熟した茎及びその製品（樹脂を除く）、大麻草の種子及びその製品は除かれる。
　「大麻」には大きく分けて「大麻草」と「大麻樹脂」があるが、大麻の形状によって違う製品が出来る。以下、その例である。
・大麻の葉を乾燥させた乾燥大麻　『マリファナ』
・樹脂（やに）や若芽をすりつぶして固めた大麻樹脂　『ハシッシュ』
・樹脂を花穂部ごと採取し固めたもの　『ガンジャ』
・花穂部を棒状としたもの　『ブッダスティック』
・葉や樹脂などから成分を抽出しオイル状にした液体大麻　『ハシッシュオイル』など

4）「あへん」「あへん煙」

「あへん」…………けしから採取した液汁を凝固させたもので、原料であ

るけしの栽培やあへんの採取、あへんやけしがら（けしの麻薬を抽出することができる部分）の輸出入、所持等があへん法で規制されている。

「あへん煙」……吸引用としてすぐに使うことの出来る調整あへんのことである。

5）「コカイン」「ヘロイン」「ＭＤＭＡ」「ＬＳＤ」

「コカイン」………南米産のコカの木の葉から抽出したアルカロイドのこと。麻薬及び向精神薬取締法により麻薬として規制されている。

「ヘロイン」………けしの果実皮から得られるアルカロイドの代表にモルヒネがあるが、そのモルヒネを原料として人為的に合成された化合物でジアセチルモルヒネと呼ばれるものがヘロインである。ヘロインは、麻薬及び向精神薬取締法で麻薬として規制され、その製造・使用等が禁止されている。

「ＭＤＭＡ」………ＭＤＭＡは、俗にエクスタシーと呼ばれる合成麻薬（けしやコカなどの植物からではなく、他の化学薬品から合成された麻薬）の一種で、麻薬及び向精神薬取締法で規制されている。

「ＬＳＤ」…………ＬＳＤ（リゼルギン酸ジエチルアミド）は、ライ麦に寄生する麦角菌に含まれるアルカロイドのリゼルギン酸から部分合成された合成麻薬の一種で、麻薬及び向精神薬取締法で規制されている。

第11講　犯罪の成立条件——犯人の心の状態

> 1)「心神喪失」「心神耗弱」「責任能力」
> 2)「自我意識」「能動意識」「前意識」「無意識」

1)「心神喪失」「心神耗弱」「責任能力」

Q　通訳人にとって意味が分りにくい専門的な表現に、「心神喪失」と「心神耗弱」があります。これは、実際の法廷でそれほど頻繁に出てくるわけではありませんが、被告人の犯行時の精神状態が問題になるような時に使われる表現です。この２つの言葉はどのような定義を持ち、どう区別されますか。
　　また、「責任能力」という概念との関係はどうなるのでしょうか。

A　刑法には、「心神喪失者の行為はこれを罰せず」と書いてあります。例えば、ある人が刃物を使って他人を刺し殺してしまっても、その人が、自分のやっていることの意味や、その結果がどうなるかということが全然理解出来なかったとしたら、その人は、結果的には精神病院に送られて治療するということにはなるかもしれないけれど、裁判にかけられたり、刑罰を科せられたりすることはないわけです。つまり、たとえ裁判にかけられても、心神喪失状態だということになれば、刑を科すことはできないし、そして、起訴する前の段階ですでに心神喪失であったということであれば、裁判すら提起されないということになるわけです。

　次に「心神耗弱」ですが、刑法には「心神耗弱者の行為はその刑を減軽す」となっています。つまり、通常の人の刑が懲役8年の場合、心神耗弱者であれば6年にしたり5年にしたりというように、その刑を減らすということです。

　「心神喪失」と「心神耗弱」はどう違うかというと、程度の差に

なります。法律では、心神喪失者とは、精神の障害によって、行為の是非を弁別する能力、またはその弁別に従って行動する能力のない者、心神耗弱者とは、その能力が著しく低い者、となっています。

　これについて分りやすい例に、覚醒剤によって精神錯乱状態になって通行人を何人か刺し殺してしまった、という通り魔事件がありますが、自分のしたことがちゃんと分っていれば、国家が刑罰を科すことはできますが、本人が自分が何をしているのか分らない場合には、刑法でそれを罰することはできないのです。これが、「心神耗弱」と「心神喪失」の規定ができている根拠だと言われています。ですから、自分のしたことがあまり分らないのだけれど、なんとなく分るという人には、普通の人よりも少し刑を減らそうというのが、心神耗弱だというように考えてもらったらいいと思います。

　「責任能力」とは、刑事責任を負担することのできる能力、ということです。物事の是非善悪を理解し、その良し悪しの判断に従って行動する能力です。この能力が全くない状態を、刑法では「心神喪失」と表します。その場合は、先程述べましたように、刑罰を科さないことにしています。

　これに対して、「責任能力」が減弱している状態を「心神耗弱」といいます。その場合は刑が減軽されます。

2）「自我意識」「能動意識」「前意識」「無意識」

　裁判で被告人の精神鑑定の内容について鑑定証人に尋問することがある。精神鑑定というものは、人の精神・心の状態という非常に微妙な部分を扱い、心理学の専門家でなければついていけないようなやり取りになることがある。

　以下、参考までに、ある裁判における実際の鑑定証人尋問の一部を紹介する。

鑑定人　その時にも自我意識の障害はあったわけですから、少なくとも自分がやったという意識はできていなかった。となると、自分

のした行為についての因果関係のようなことも意識ができなかったのだろうと思います。
弁護人　先ほどおっしゃった能動意識の障害、自我意識の障害というのがあったため、意志自体はなかったんだ、という趣旨なんでしょうか。
鑑定人　これはちょっと心理学的になって難しいかと思うんですが、少なくとも、意識の範囲ではそういう意図はなかったと。

　　　　　　……………………………………………

裁判官　確認したいのですが、先ほど先生がおっしゃった前意識と、ただいまの弁護人の話に出てきた隠された意識、例えば物を取るという隠された意識は同一の心理状態と理解してよろしいんでしょうか。
鑑定人　ちょっと違うと思います。というのは、隠された意図というのは、前意識のレベルに隠れた意図があるという場合と、無意識のもっと深いレベルに隠れた意図がある場合と両方含みますから。

　上記の例でも分るように、専門的な用語は非常に分りにくい。ここで、少し解説したい。

「自我意識」と「能動意識」
　ドイツの精神病理学者であり哲学者でもあるカール・ヤスパースは「自我意識」を４つの標識に分けている。①「能動意識」②「単一性の意識」③「自我の時間的同一性の意識」④「外界に対立する自我の意識」である。
　つまり、「自我意識」の４つの標識のうちの１つが「能動意識」であり、上記の例の被告人の場合、「能動意識」の障害による「自我意識」の障害であると判断されているのである。「能動意識」とは、自分が考え、感じ、行動しているという意識であり、「私の…」という「存在意識」と「私が…」という「実行意識」の２つに分けられるということである。

「前意識」と「無意識」

　「前意識」とは、「意識の外にあるが、意識化しようとする意志によって意識化可能な心的内容が存在する局所」と定義されている。「無意識」とは、「本人は意識していないが、日常の精神に影響を与えている心の深層」であるということである。意志によって意識化が可能かそうでないかが、この2つの違いである。

第12講　その他

> 1）警察官の身分を表す言葉
> 2）武器に関する用語
> 　各種ナイフ
> 　各種銃

1）警察官の身分を表す言葉

Q　警察官を表す言葉には色々なバリエーションがあるように思います。例えば「巡査」「取調官」「刑事」のような表現です。これらの表現には特定の定義や意味があるのでしょうか。

A　刑事訴訟法上規定されている身分は「司法警察員」だけです。「司法警察職員」の中に「司法警察員」と「巡査」があり、「司法警察員」には、逮捕状請求や証拠作成といった特定の行為をすることが認められています。

　「刑事」とは、犯罪捜査活動に従事する私服の警察官のことです。これは、法律上の職名ではなく、法的身分は「巡査」または「巡査部長」です。俗に「でか」と言われています。

　「取調官」は、刑事など、取調べに当たる人間を指す言葉です。

2）武器に関する用語

　殺人事件や傷害事件、あるいは鉄砲刀剣類所持等取締法違反のケースなどで、武器が証拠品として扱われることがある。中には、拳銃密造のような事件もある。そのような場合、武器の種類や各部分の名称などを知っておくと便利である。

　以下は、ナイフ類、銃の図解と説明、および銃に関連する用語の解説である。

■各種ナイフ
　ナイフには大きく分けて2種類のタイプがある。
「シースナイフ」…刃がむき出しで固定されているナイフで、刃と柄の中の芯が一枚の鋼材から出来ているため、携帯には不便だが、頑丈で取り扱いしやすい。
「フォールディングナイフ」…折りたたみ式ナイフで、コンパクトになり携帯しやすく、安全性の高いナイフである。

　ナイフには、形状と用途によって、以下のようなものがある。
「アーミーナイフ」…小型のツールナイフ。軍事目的で開発されたもの。
「サバイバルナイフ」…文明から隔絶された場合でも、最低限生きていけるようにと開発されたナイフ。
「ダイバーズナイフ」…潜水をする時使うナイフ。
「ツールナイフ」…様々な機能を持った、いざという時に役立つナイフ。
「バタフライナイフ」…2本のピボットピンで刃を納める構造になっているナイフ。
「システムナイフ」…1本の柄に色々な機能を持つ刃を差し替えて使えるナイフ。
「肥後守」………日本刀の流れをくむナイフ。

(ナイフ各部の名称)

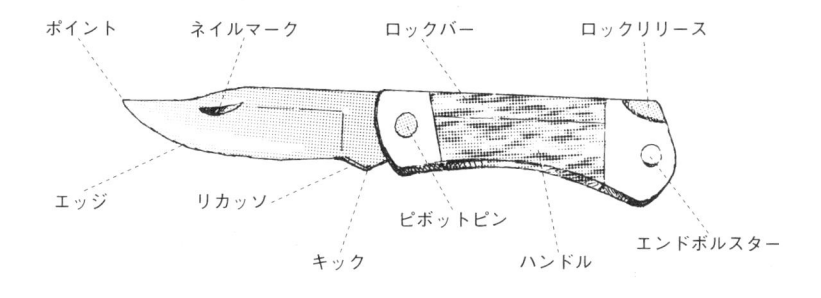

ポイント　ネイルマーク　ロックバー　ロックリリース
エッジ　リカッソ　ピボットピン　エンドボルスター
キック　ハンドル

包丁各部の名称

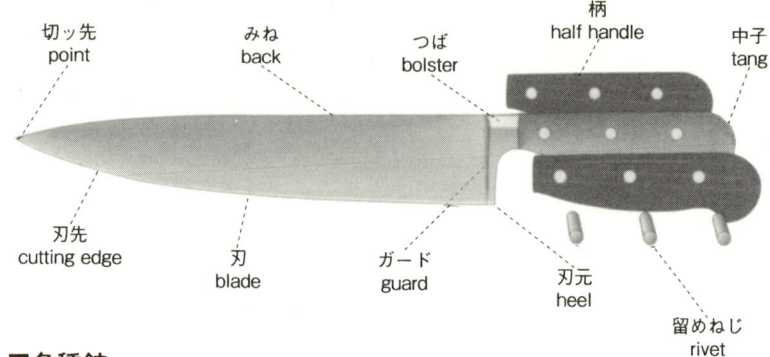

- 切ッ先 point
- みね back
- つば bolster
- 柄 half handle
- 中子 tang
- 刃先 cutting edge
- 刃 blade
- ガード guard
- 刃元 heel
- 留めねじ rivet

■各種銃

銃には以下のような種類がある。

「拳銃」…………片手で持って操作、射撃の出来る小型の銃器のことである。

　　　　　　　　これには、大きく分けて「ピストル」と「リボルバー(回転弾倉式拳銃)」がある。

ピストル各部の名称

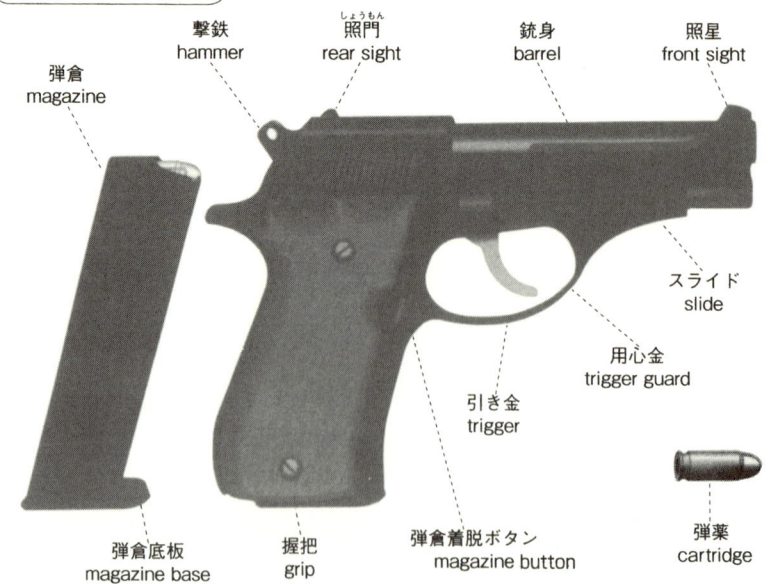

- 弾倉 magazine
- 撃鉄 hammer
- 照門 rear sight
- 銃身 barrel
- 照星 front sight
- スライド slide
- 用心金 trigger guard
- 引き金 trigger
- 弾薬 cartridge
- 弾倉底板 magazine base
- 握把 grip
- 弾倉着脱ボタン magazine button

⬭ リボルバー（回転弾倉式拳銃）各部の名称

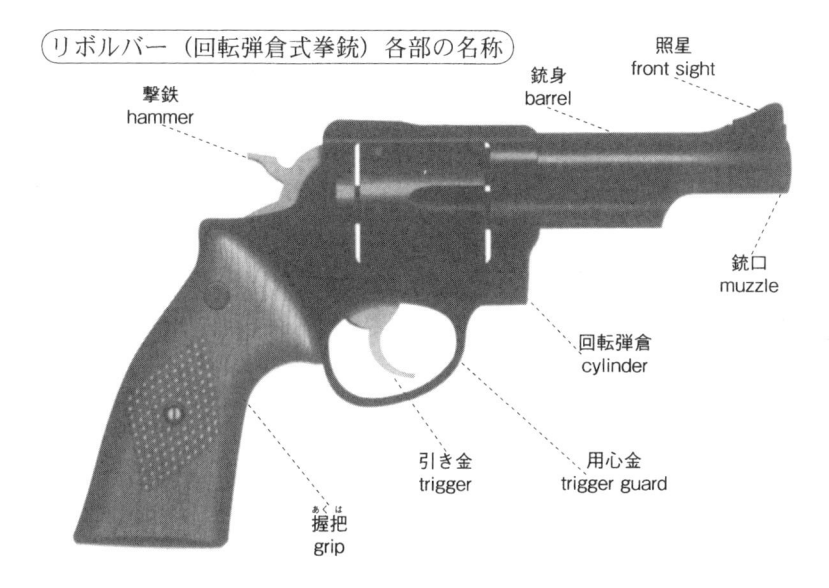

- 撃鉄 hammer
- 銃身 barrel
- 照星 front sight
- 銃口 muzzle
- 回転弾倉 cylinder
- 引き金 trigger
- 用心金 trigger guard
- 握把(あくは) grip

「小銃（ライフル）」…肩を使用して照準、射撃する火器である。

このうち、ガス圧を使うシステムを持ち、連射可能なものを「自動小銃(オートマチックライフル)」、連射が出来ないものを「半自動小銃(セミオートマチックライフル)」という。

⬭ 小銃各部の名称

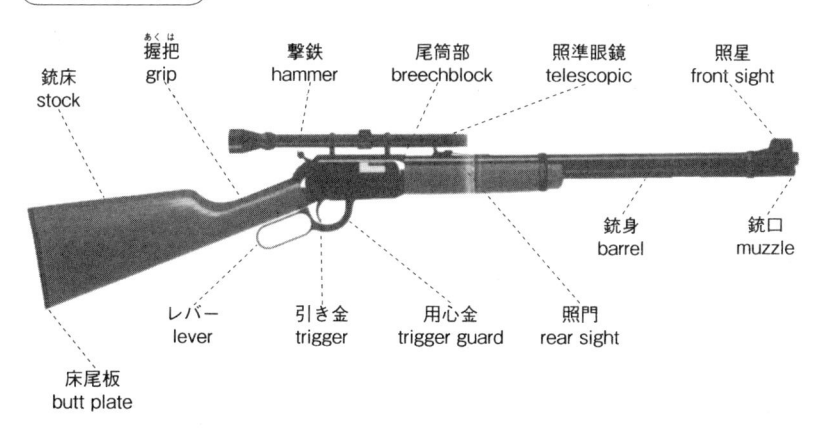

- 銃床 stock
- 握把(あくは) grip
- 撃鉄 hammer
- 尾筒部 breechblock
- 照準眼鏡 telescopic
- 照星 front sight
- 銃身 barrel
- 銃口 muzzle
- レバー lever
- 引き金 trigger
- 用心金 trigger guard
- 照門 rear sight
- 床尾板 butt plate

自動小銃各部の名称

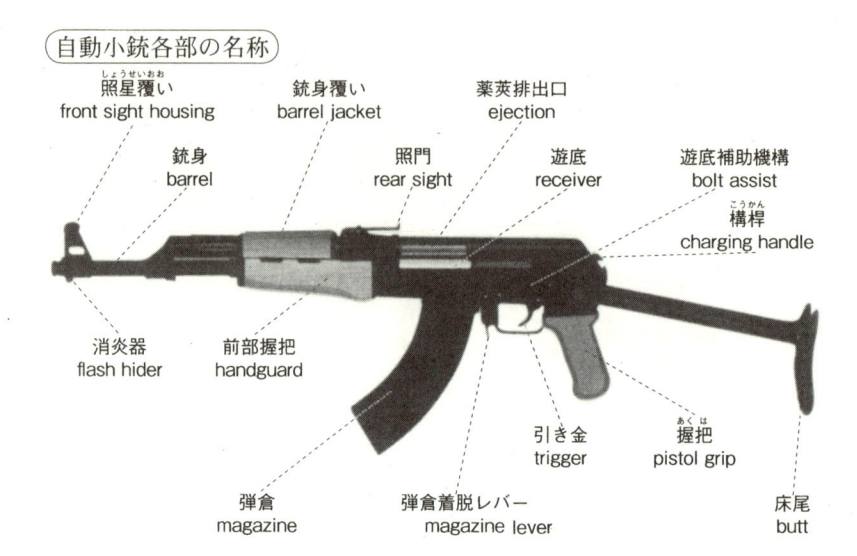

- 照星覆い front sight housing
- 銃身覆い barrel jacket
- 薬莢排出口 ejection
- 銃身 barrel
- 照門 rear sight
- 遊底 receiver
- 遊底補助機構 bolt assist
- 構桿 charging handle
- 消炎器 flash hider
- 前部握把 handguard
- 引き金 trigger
- 握把 pistol grip
- 弾倉 magazine
- 弾倉着脱レバー magazine lever
- 床尾 butt

「散弾銃（ショットガン）」…螺旋溝のない銃身の本体から、ベアリング状の弾丸を一気に多数発射させる銃のことである。

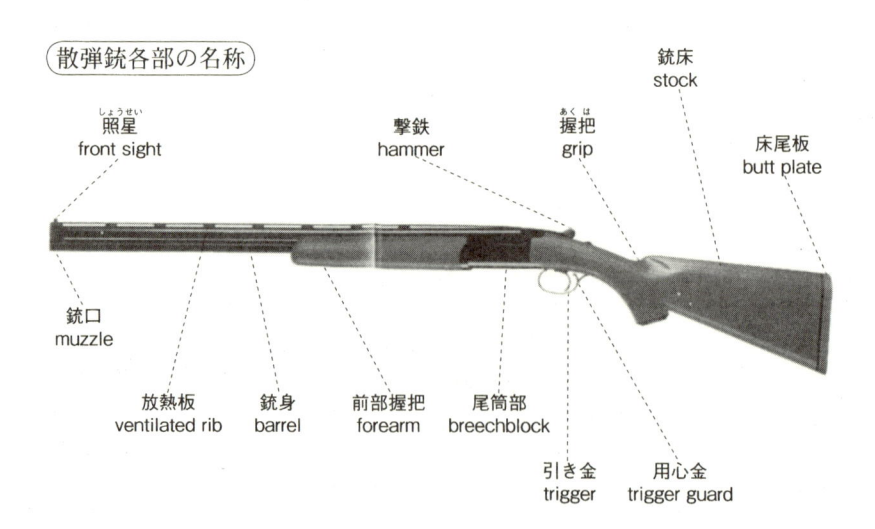

散弾銃各部の名称

- 照星 front sight
- 撃鉄 hammer
- 握把 grip
- 銃床 stock
- 床尾板 butt plate
- 銃口 muzzle
- 放熱板 ventilated rib
- 銃身 barrel
- 前部握把 forearm
- 尾筒部 breechblock
- 引き金 trigger
- 用心金 trigger guard

(弾薬各部の名称)

（ライフル銃用）

- 先端 nose
- 被甲 jacket
- 発射薬 propellant
- 雷管 primer
- 弾丸 bullet
- 弾芯 core
- 薬莢 case
- 薬底 cup

（散弾銃用）

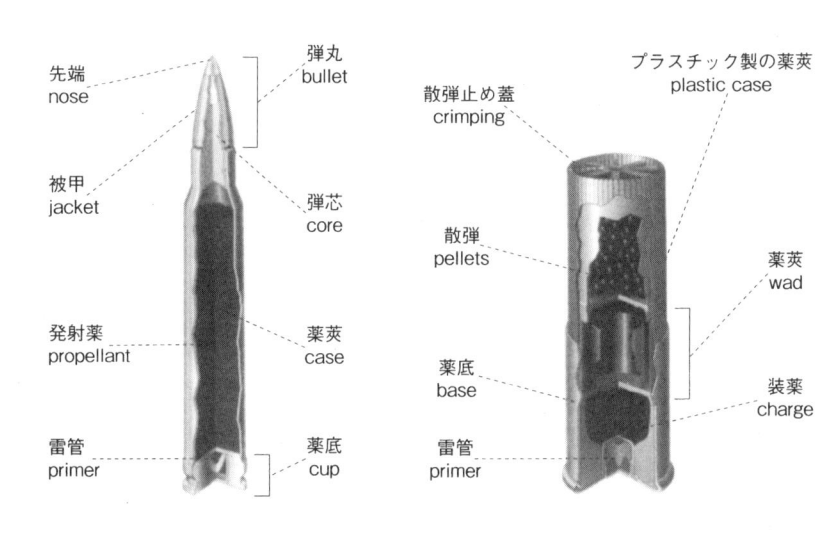

- 散弾止め蓋 crimping
- 散弾 pellets
- 薬底 base
- 雷管 primer
- プラスチック製の薬莢 plastic case
- 薬莢 wad
- 装薬 charge

ここで銃に関連する用語をいくつか挙げる。

「薬莢」………火薬を詰める容器で、銃砲に装填して弾丸を発射するために使う。
「口径」………銃口の直径の長さのこと。
「照準」………銃砲のねらいを定めること。
「射程距離」……弾丸の届きうる最大距離のこと。
「至近距離」……非常に近い距離。
「硝煙反応」……発砲のあと、周辺に残る亜硝酸による化学反応で、犯罪捜査などによく使われる。
「線状痕」………ライフルなどから発した弾丸についた筋状の痕（あと）で、発射された銃器を特定するのに役立つ。

＊ 銃と包丁の図は、同朋舎の『ワーズ・ワード』から引用した。

第3部

司法通訳人の職業倫理

裁判所が任命する法廷通訳人として、守らなくてはならない職業倫理を項目としてまとめると、ほぼ次のようになる。
　【完全性】【正確性】【公正と利益相反回避】【プロフェッショナルたる言動】【守秘義務】【意見発表の制限】【業務の範囲限定】【業務遂行に関するアセスメントと報告の義務】【業務遂行に関する障害事由の報告】【通訳妨害の申告】【中立性】【助言禁止】【専門性の向上】
　裁判所において通訳をするにあたり、訴訟手続きや専門用語の修得以外に注意しなければならないことがある。それは、法廷通訳人としての職業倫理を遵守すること。法廷通訳人は被告人の人権を守るための正義の味方ではあるが、これは決して被告人に同情して被告人のための通訳をすることではない。
　しかも、一般通訳業務と異なり、一人の人間の人生に関わる重大な決定がなされる厳粛な場での通訳である。そこにプロフェッショナルな通訳人として存在するためには、心に留めておき守らなければならない項目が幾つかある。
　この章では、守秘義務、利益相反、中立性、正確性など現場で判断しなければならない場面に遭遇したらどうするればよいか、通訳現場からの実際の体験を事例として取り上げながら、考える材料になるよう構成した。
　その基準となる倫理項目は、アメリカ合衆国13州あまりの州司法当局が採用している「モデル倫理規定（Model Code of Professional Responsibility for Interpreters in the Judiciary）」と「連邦公認通訳人のための職業倫理規定（Code of Professional Responsibility of the Official Interpreters of the United States）」を参考にして選択した。
　詳細については、渡辺修・長尾ひろみ編著『外国人と刑事手続』（成文堂、1998年）125頁以下に基づく。また、関連する項目に関しては最高裁判所事務総局刑事局監修の『法廷通訳ハンドブック　実践編』（法曹会出版）で解説している「法廷通訳人が留意すべき事項」Q&Aを参考として引用している。

第1講　完全性

【完全性】　通訳人は完全な通訳を行わなければならない。述べられたことについて、修正、割愛、付加をしてはならず、かつ説明を加えてはならない。

>   事例1　「どこまでが完全な通訳か。」
>   刑事裁判では、検察官の証拠調べ請求の後、裁判官が弁護人に意見を聞き、法曹三者（裁判官、検察官、弁護人）で、どの証拠を取り調べるのかについて、専門用語や略語などを用いながら整理する手続き上のやり取りがなされる。
>   その間、通訳は行われないので、被告人は何が話し合われているのか理解しないまま、疎外された形になる。通訳人はつい交わされている内容を「ウイスパリング（囁き通訳）」で解説したくなるが、、。

「どこまで完全に通訳をすればよいの？」という疑問を考えて見よう。まず法廷での指揮者は裁判官であるから裁判官の指揮に従うことが基本である。しかし、何も分らずに恐怖におののいて座っている被告人を見ていると、全てを通訳してあげたい衝動にかられるが、何を通訳するかは裁判官の指示を待つべきである。或いは事前に書記官を通じて通訳方法の打ち合わせを裁判官としておくと法廷での混乱を避けられる。

現在では（2003年現在）ほとんどの裁判官が検察官、弁護人と話し会った後、「では〇〇〇〇と通訳して下さい」と通訳人に指示を与える。勝手に通訳することなく、裁判官のその言葉を待つとよい。時には裁判官が何も言わずに次ぎの手続きに入ることもあるが、そこで通訳人が慌てることはない。

先にも述べたように、通訳人は裁判所に雇われており、裁判官の指示

に従った通訳をすることが業務であるので、指示されない勝手な通訳、解説は基本的にはしてはならない。ただし、裁判官が通訳人の存在と言葉の重要性に無頓着であると思える場合は、「今のは通訳しますか」とか「通訳しなくてもよいですか」とその場で通訳人としての意見を裁判官に申し出ることはできる。

　むしろ気になる場合は、必要な時に手を上げて裁判官の指示を仰ぐことが、フラストレーションをためることなく通訳するコツであろう。

> **参考**　「やり取りが終わった後、裁判官が通訳すべき範囲を適宜まとめて指示してくれますから、指示された部分を訳すことになります。」(『法廷通訳ハンドブック実践編【英語】』、法曹会、1998年、p.26 ⑬)

> **事例2** 「解説通訳」の当否。
> ある裁判の２回目の公判で検察官が「訴因変更があります」と述べた。通訳人も、被告人に「あなたが前回もらった起訴状に少しつけたされる部分があります」と説明文的な通訳を行った。

　これはよくあることだが、『通訳人ハンドブック』（最高裁判所）を見ると「訴因変更」という専門語には適切な対訳がある。

　原則的には通訳人は専門語が出てくるとそのまま専門語の言語変換をするべきある。その場合、通訳人の頭の中では、「こんな言葉は当然被告人には分らないだろう」と考え、簡単な言葉に変えて意味が通じるように気配りをしてしまう場合がある。

　しかし、日本人が被告人であった場合、その被告人は「訴因変更」という言葉の意味が分っているだろうか。これは通訳人が心配したり気を配ったりする領域ではない。「その言葉が理解できない」と被告人が訴えたり、理解できない表情を通訳人に向けてきた時、はじめて通訳人は裁判官に向って「被告人は訴因変更という言葉が理解できないようです」と伝えればよい。そしてそれを解説するかどうかは裁判官の考えることである。

　ちなみに筆者がその状況に遭遇した時、裁判官に「では起訴状の公訴事実に『○○と共謀した』という言葉が入ったと伝えて下さい」と指示された。通訳人としてはその裁判官の言葉を正確に訳せばよいだけである。

Step Up 9 「宣誓」の通訳

■ 通訳人は裁判長の開廷宣言の後「被告人は外国籍を有しており、日本語に通じないので、通訳人を選任します。通訳人の方、前へ。では、宣誓をお願いします」、こう促されて、廷吏の渡す宣誓書を読み上げる。「宣誓、誠実に通訳することを誓います」。このあと、裁判長が被告人に何を説明するように通訳人に指示するか。ここに微妙な差がある。
　①「裁判官に通訳を命じられ、誠実に通訳する旨誓ったと伝えて下さい」。
　②「被告人は日本語が理解できないので、通訳人を付することと、宣誓をして誠実に通訳すると誓ったと説明して下さい」。
　③「通訳を命じられて宣誓したことを伝えて下さい」。
　④「今、宣誓したことを伝えてもらえますか」。
　⑤「通訳人が宣誓したことを伝えて下さい」。
　⑥「通訳人に意味を伝えて下さい」。
　⑦「通訳することと、宣誓したことを伝えて下さい」。
　①②は、「誠実に通訳する」という「義務」の内容を通訳しろとの指示。③④⑤は、「宣誓した事実」を伝えればいいとの指示である。⑦も同じだ。⑤は、宣誓の意味をどこまで被告人に伝えるかを通訳人に任せるものである。
　どれが、裁判所の指示として適切だろうか。
　通訳人は、裁判所の指揮をうけて通訳をする。「こう通訳しろ」と命じられたら、その通りの内容を通訳するのが責務である。それぞれの指示を受けた時、どのように通訳しているのだろうか。

■ さて、法廷で宣誓する手続は、ごく形式的に進められるが、実は、細かく言えば、裁判所が誰に通訳を命ずるのか確認する手続（通訳人尋問）、通訳命令のための宣誓手続、そして通訳命令の３つで構成されている。通訳人たる「立場」は、裁判官が「では、通訳をお願いします」と述べることで、正式に発令されたことになる（但し、地域によって裁判所が行う"選任"手続に違いがあるようで、それに応じて"選ばれた"法律効果がいつから生じるのかも、少しずつズレが生じるのだが）。
　被告人には、通訳人が裁判所の任命した裁判のための通訳をする責務を負う立場に立つことを理解させなければならない。実際のところ、大きな混乱はないのだが、あらかじめ弁護人との接見でも通訳をしている場合には、「被告人のための通訳」ではなく、「裁判のための通訳」であることを

宣言する意味もある。
■「誠実通訳」義務も無意味ではない。
　例えば、証人尋問の途中で、通訳人の通訳を聞いて、被告人が「違う。こうだった…」と意見を述べたり、「違うではないか。ウソを言うな」と質問（詰問？）することがある。通訳人がとっさの対応に困る場面だ。「あの…被告人がなにか言ってますが、通訳しますか？」と通訳人がおずおずと申し出る場面を見ることも少なくない（被告人が黙って証人尋問を聞いていないのが、通訳人の責任であるような顔でこう申し出る人もいた）。しかし、「誠実に通訳をする」と誓った以上、区切りのいいところで、「被告人の述べたことを通訳します」と断ってから通訳すべきではないか。
　他方、裁判所の対応も様々である。「今は黙っていなさい」「弁護人に言って、弁護人から聞いてもらいなさい」「後であなたの言い分を聞く機会を与えます」等々。こうした言葉もそのまま通訳するのが、通訳人の誠実通訳義務の内容となる。語学のプロに徹し、法律の世界に踏み込まない自覚と注意がいる。それを通訳人本人が理解し、被告人にも理解を求める出発点が「誠実に通訳すると誓った」と伝える作業の意味なのだ。

■ そうすると、裁判官は、①②のような指示をするのが筋だ。通訳人もそう認識していてほしい。と言って、裁判官の言葉を離れて、勝手に③を②のように通訳してはならない。また、⑥の場合も勝手に②のような通訳をしてはならない。「裁判官。伝える内容を示して頂かないと、通訳できません」と申し出るべきだ。「語学のプロ」と「法律のプロ」の「役割分担」と「肩代わり禁止」。これを忘れてはならない。　　　　（渡辺・記）

刑事“笑”廷 熱血通訳

作：長尾ひろみ
画：小西 咲子

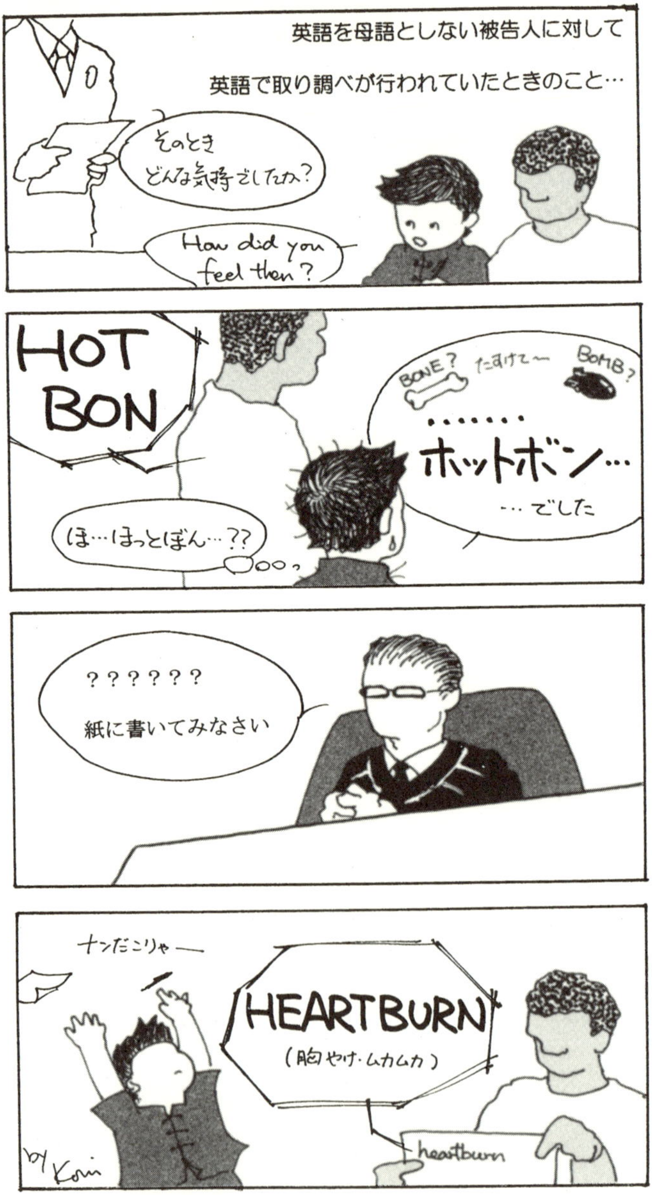

第2講　正確性

【正確性】　通訳人は正確な通訳を行わなければならない。述べられたことについて、修正、割愛、付加をしてはならず、かつ説明を加えてはならない。

> **事例3**　「何が正確な通訳か。」
> ある裁判所での判決で裁判官が主文を読み上げた後、「ただし、刑の執行を3年間猶予する」と言った。被告人の横に立っていた通訳人は被告人の肩をぽんと叩いて「よかったね、帰れるよ」と通訳した。

正確な通訳を求められていることは当然であるが、これは大変難しい。

この場合、通訳人は執行猶予の意味を自ら解釈し直し、簡単な言葉に置き換えてしまった。

結果的には被告人は強制送還になり国に帰れるかもしれない。だが、もし日本人と結婚していて在留許可を得ていたら国に帰らないで日本で刑の執行猶予を受けることになり、その間に新たに犯罪を起こしたら、猶予されていたこの刑にも服さなければならない。被告人は、こうしたことにも注意を喚起されなければならない。通訳人が勝手に解釈して中身を咀嚼することは決して正確な通訳とは言えない。

どの通訳人も法廷で意図的に不正確な通訳をしようと思う人はいない。しかし結果的に通訳人の不注意、勉強不足、親切心などが正確な通訳から遊離させてしまうことになりかねない。

> **事例4** 「修正、割愛通訳」
> 検察官が「君はこれが違法であることを知っていたんでしょう。」と被告人に聞いた。それに対して被告人は「ah, ah, yes」と答えた。通訳人は待ってましたとばかりに「はい」と答えた。

これでは公判記録上は即答したことになる。被告人は躊躇し、何かを考えて、その結果イエスと答えたのである。

この場合は「エー、エーと、ハイ」という風に訳すべきだろう。裁判官もその場にいるのだから、そこまで一つ一つ訳さなくてもいいだろうと通訳人は思ってしまう。

しかし、裁判が長く続くと裁判官が交代する場合もある。その場合は公判記録のみで次の裁判官が事件を引き継ぐので、正確に通訳された公判記録が必要となってくる。

通訳人が正確に、省略せずに言った言葉がそのまま公判記録に残るかどうかは、速記官、書記官の問題になり通訳人の管轄ではなくなるが、少なくとも通訳人はニュアンスも正確に訳すよう心がけたいものである。

法廷通訳は一般の通訳（会議通訳、商談通訳）と少し異なる性格がある。

一般通訳の場合は、話者の意図するところを的確に伝えることが一番要求される。よって言葉の反復であったり、言い換え表現はそのまま訳す必要はない。

しかし、法廷での通訳は、被告人が言った言葉を修正することなく、また割愛することなく通訳することが要求される。何故ならその表現の仕方に被告人の教育程度、理解の程度など事件の鍵になるものが含まれている場合が多いからである。そしてそれらすべてが裁判官の判断材料になるからだ。

> **事例5** 「言葉の表現領域を変えない通訳」（register）
>
> アメリカのある法廷で殺人罪で起訴された被告人が陪審員の前で証言をはじめた。その事件についた通訳人がとても教養のある人であったので、被告人が供述したスペイン語を通訳人自身の丁寧な英語に通訳してしまった。陪審員はスラスラ聞こえてくる品のよい英語を聞いて「こんな教養のある人が人を殺すはずがない」と「無罪」の評決を出した。傍聴席にいたスペイン語の解る人にとっては大変な驚きであった。でも一度出した評決は覆せない。

　話者の言葉の表現領域を変えないで訳すということは法廷通訳においては大変重要な要素になる。

　例えば、小学生の子供が "I don't know." と言ったとする。これを訳すとき小学生が使う言葉の表現領域範囲で通訳する。例えば「知らないよ！」「わかんない」。

　同じI don't know. でも高貴な婦人が証言台に立って言ったとすると、「わかんない」とは言わないだろう。「存じません」とか「分りかねます」といった訳が適切だろう。

　また、上下の関係を気にしない人が同じ言葉を発した時は、「しらん」とか「分らん」となる。その発せられた言葉のレベルを保持することは、その発話者の性格、教育背景、精神状態を表す重要なヒントになるということを通訳人は覚えておく必要がある。

参考　Q　通訳をする際には、発言者の表現を忠実に再現するべきですか。
　　　　A　発言者と同じ表現を使って下さい。例えば丁寧語を用いるなどして表現方法を改めるようなことはしないで下さい。（『法廷通訳ハンドブック実践編【英語】』、法曹会、1998年、p.25 ⑨）

刑事"笑"廷 早口は誰？

作：鬼頭良司
画：小西咲子

非常にハイペースな供述

ぺらぺら、ぺら‥‥
ぺーらぺらぺら‥
ぺら ぺぺら
ぺららん

PERA PERA, PERA
PE-RA PERA PERA
PERA PEPERA,
PERARAN

被告人、もう少しゆっくり話すように

おっ、この裁判官は被告人のコトバがわかるのか…？

しかし、それでもなお…

ぺっぺ ぺらぺら…
ぺららのら、…
ぺーら ぺら
ぺろぺ…

PEPPE PERA PERA
PERARA NO RA,
PE-RA PEPA
PERAPE…

通訳人も もう少しゆっくり話して下さい

最初からそう言ってよ…

by Koni

第3講　公正と利益相反回避

【公正と利益相反回避】　通訳人は公正であり偏見を持ってはならない。また、偏見があると受け止められる行動も慎まなければならない。通訳人は、利益相反が現にあり、またはその見込みがある場合には、これを開示しなければならない。

> **事例6**　「供述を変えさせた通訳」
>
> 　通訳人は弁護人と2度拘置所での接見に行った。その際に被告人は「高校を卒業してすぐ仕事を始めた」と言っていた。裁判で行なわれた弁護人の「高校を卒業した後、あなたはどうしましたか」という質問に被告人は「○○大学に行きました」と答えた。
>
> 　通訳人は拘置所での接見で被告人が「すぐに働いた」と言っていたシナリオが頭の中にあり、全く大学名が出てくると予測していなかったので、うっかり大学名を聞き逃したので、「え？」と被告人に対して聞き直しをしてしまった。
>
> 　すると、被告人は「大学に行った」という証言を反復せずに、少し沈黙の後、「○○で働いた」と証言を訂正してしまった。その結果、接見で得た情報に通訳人が法廷で左右されたと弁護人に強く注意されてしまった。

　今（2003年現在）、起訴後の弁護人（国選、私選両方とも）接見には、裁判所が任命した法廷通訳人が同行する。

　これは捜査段階の通訳人を法廷では起用しない制度とは矛盾している。だが、この運用は通訳人にとっては法廷で通訳するにあたっての事前準備にはなるので役に立っている。つまり、初公判より事前に被告人と会話をし、発音の癖、しゃべり方などが分るからである。

しかし、通訳人にとっては弁護人の接見に同行して得た情報に捕らわれることなく裁判では白紙の状況で訳さなければならない。
　この接見について、ある弁護人は「被告人が罪状認否において突然接見時と異なる主張をしはじめた際、事前に接見に同行していた公判通訳人が、明らかにけげんそうな表情を浮かべ、公判廷内で被告人に対して供述を元に戻すように説得しはじめたこともあった」と書いている（『外国人と刑事手続』渡辺修、長尾ひろみ．成文堂、1998年．240頁）。
　この問題は、通訳人が拘置所で弁護人の通訳をした通訳人であったために起こる。もし、法廷で初対面の通訳人であれば、聞き返されても被告人はその単語をもう一度繰り返したであろう。しかし、法廷通訳人が弁護人と同行し接見での通訳をするという運用の中では、通訳人は誤解されることなく、先入観を排除した公正な通訳をすることをいつも念頭において通訳しなければならない。
　日本では、運用上、原則的に捜査段階で通訳をした人は裁判での通訳はできないことになっている。ただし、本当に少人数しか通訳人がいない言語の場合、また地方での事件で複数の通訳人が調達できない場合は仕方なく同じ通訳人が検察庁の通訳と裁判所の通訳を兼ねることがある。
　ただ、日本の裁判は起訴状一本主義で原則的には裁判が始まるまでは捜査段階の通訳人が誰だったか分らないことになっているので、同じ人に通訳依頼が来る場合がないわけではない。捜査段階といっても検察庁での取調べ通訳だけでなく、当番弁護士制度に則って、弁護士と同行して被疑者と面会通訳をする場合もある。
　いずれにしても被疑者段階で被疑者と接触のあった通訳人は裁判所からの依頼があった時点では、自分の方から、「以前、同じ被告人の通訳をしたこと」を申告しなければならない。決して自分から一方的に辞退する必要はない。全て裁判所の裁量に任すべきである。
　では、その理由は何故だろう。捜査段階での取調べでは警察官あるいは検察官が個室で長時間取調べを行い供述調書を作る。その段階での尋問はかなり厳しいものあり、場合によってはかなり威圧的に質問をされて不本意な答えをした時があるかもしれない。または被疑者がその時の

判断で真実でないことを言っているかもしれない。

従って、法廷で裁判官の前に立った時、捜査段階での陳述した内容と異なったことを述べる可能性もある。その時、横にいる通訳人が、実は捜査段階での取調べの通訳をした同一人物であったら、供述を覆しにくいであろう。

また、場合によっては警察、検察庁で通訳した通訳人が法廷で自分の横にいると、被告人によっては裁判所と検察庁の区別がつかなく、裁判所の公正さが理解できない場合もある。

> **参考** Q 被告人が、弁護人の接見の際と異なることを述べた場合にはどうすればよいですか。
> A 証拠となるのは、公判廷での発言ですから、接見の際の内容にかかわらず忠実に通訳すべきです。この際には、接見の際の被告人の発言に影響されるようなことがあってはいけません。(『法廷通訳ハンドブック実践編【英語】』、法曹会、1998年、p. 15 ⑦)

> **事例7**　「この人、知っている！」
>
> 　窃盗事件の通訳を依頼され法廷に行った。被告人が法廷に入ってきたとたん、「この人みたことある」と通訳人は思った。
>
> 　通訳人にとって通訳をしている時は、内容に集中しているのでしっかりと被告人の容姿を眺める暇などない。しかし、公判が進むにつれて、被告人の喋り方などから記憶が戻ってきた。一年前に別件の「大麻取締法違反」事件の証人として証言した人であった。
>
> 　そう思って被告人の顔を見ると、被告人は、通訳人にウインクをしてきた。つまり被告人の方からも「以前に会ったな」というサインを送ってきた。

　この場合、裁判所はこの通訳人と被告人との暗に存在する関係を知らない。しかし、このまま通訳することは、この通訳人にとっては非常にやり難いものになる。

　かつて、彼が証人として出てきた事件を思い出し、この被告人の余分な情報を通訳人のみが知っていることになる。しかし、その情報はこの裁判とは直接関係ないのである。

　この状態に遭遇した時は、書記官を通してその旨を伝え、この事件の通訳人として続行すべきか、通訳人を交代すべきかを判断してもらう必要がある。

　また、通訳人自身が被告人を知っていることで偏見が生まれると思ったら、利害相反になることを恐れて法廷通訳を辞退すべきであろう。

参考　Q　捜査段階で通訳した事件について法廷通訳を依頼された場合にはどうしたらよいですか。また、捜査段階で共犯者の通訳を行っている場合はどうですか。
　A　裁判所は、捜査段階でどのような通訳人がついたのかを知らないのが通常です。従って、まずその旨を書記官に伝えて下さい。そのような場合には基本的には他の通訳人に依頼することになりますが、他に的確な通訳人の確保が困難な場合には通訳を再度依頼することもあります。その場合には御協力をお願いします。なお、共犯者の通訳の場合も基本的には同様です。(『法廷通訳ハンドブック実践編【英語】』、法曹会、1998年、p.6 ②)

第4講　プロフェッショナルたる言動

【プロフェッショナルたる言動】　通訳人は、法廷の威厳を損なわない態度で振舞わなければならず、また出来るだけ妨げとならないようにしなければならない。

> **事例8**　「遅刻をした通訳人」
>
> 　1時半から開廷する法廷で、既に裁判官が入廷し、被告人も弁護人も揃っていた。法廷の後ろのドアが突然開き、ぜいぜいと息を切らせながら派手なミニスカートと高いヒールのブーツを履いた女性が飛び込んできた。そしていきなり廷吏のところに行き、「ごめんね、遅れちゃって」と言い、証言台の横に立った。
>
> 　待っていた廷吏は「通訳さん、机はどちらに置きましょう」と尋ねた。その通訳人「いらんわ。いつも立ってるから」と言った。そして持ってきたカバンを被告人が座っている長椅子に置き、事前に渡されている資料（起訴状、冒頭陳述、関係等証拠カード、論告・求刑、最終弁論）をカバンからおもむろに取り出し、腕に抱えた。
>
> 　通訳人宣誓のあと、「では、被告人〇〇に対する〇〇違反事件の審議を始めます。被告人前へ」と裁判官が言った。通訳人はそのことを口頭で被告人に通訳し、自分も書類を持ったまま、被告人の横に立った。
>
> 　裁判官が「では起訴状を検察官が朗読しますから聞いておくように」と裁判官が言ったとたん、通訳人は腕に抱えていた資料の中から、自分が事前に翻訳をしている起訴状を取り出そうとしたが、運悪くバサっと被告人の足元に落ちてしまった。
>
> 　通訳人は被告人の足元にかがみこむ姿勢で資料を一枚一枚拾いはじめた。その通訳人は、ミニスカートを穿いていたため、被告人にとってはかなり刺激的な場面であった。

これは、実際に法廷傍聴をしていた時の場面を再現したものである。この通訳人の何がいけないのだろうか。プロとしてあるまじき態度とはどんなものなのか。
　2002年9月に行われた大阪弁護士会主催の通訳人交流会で、法廷通訳人あるいは司法通訳人の服装に関するアンケートを取った。この結果、「女性の場合は派手な服装は控えること」、「人目を引く装飾類はつけない」、「コツコツ音のする靴は履かない」等の意見が圧倒的に多く出された。
　では、何故このようないわゆるドレス・コードが必要なのだろうか。
　まず、法廷という場所を想像してみよう。どの法廷にも共通していることは、天井が高く、荘厳な趣をかもし出している。裁判官や書記官が黒の法衣を着用しているのも法廷の厳粛さを表すためであろう。法廷とは人を裁く厳粛なところである。
　また、被告人の立場からすると、人生の中で真剣勝負の場所でもある。本当に罪を犯している場合は深く反省する場でもあり、また無実を主張する人にとっては、真剣に証拠を検証して欲しい場でもある。それであれば、法廷にいる関係者が一つのことに集中できる環境でなくてはならない。
　長く拘置所で勾留されて法廷に出てくる被告人もいる。外の自由な世界から隔離され、毎日不自由な生活を強いられている。そんな中で通訳人に気楽に構えられたらどんな気持ちになるだろう。
　通訳人も人を裁く法廷での「司法」を支える一員であるということを念頭に入れておく必要がある。また、その中で、法曹三者に圧倒されることなく、言葉を変換できるプロとして、また法曹三者のパートナーとしての意識と威厳を保つことも必要であろう。以下、要点をまとめておく。
　①ミニスカートは長く身柄を拘束されている男性には刺激が強いだろう。もちろん被告人の隣で通訳する場合は香水の強い匂いは場違いである。
　②コツコツと音を立てる高いヒールの靴も、外の廊下を歩いているだけで各法廷の中まで響く。これは厳粛な場所の雰囲気を乱す要因になる。

③最近は、どこの法廷でも通訳人のための机が用意されている。書記官の横に座る場合は机があるが、裁判所によっては証言台の横に小さな机と椅子が置いてある。これは充分な通訳コンディションを整えるために用意されるものである。

机の上に辞書を置き、メモを置き、それぞれ事前に入手した書類を並べる。これは通訳に集中するための最低条件の一つである。自分は机なしで立ってカッコよく通訳ができると誇示する通訳人は、結局は自分のカッコ良さを追及しているのに過ぎない。

法廷で通訳人が最も考えなければならないことは、いかに公正な裁判を保障するために正確な通訳ができるかということである。プロとして「衣子（くろこ）」に徹する必要がある。

④この傍聴記録で一番気になることは通訳人が遅刻してきたことである。少なくとも開廷予定の10分前には法廷に出廷するように心がけるべきである。

日当請求書であったり、通訳人の宣誓書へのサイン、通訳料請求用紙記載など、法廷が始まる前に行う手続きが幾つもあるからだ。事前に書記官室に行って当日の進行予定などを聞いておくのも裁判手続きの全体像が見え、安心して通訳できる要因となる。

時には「追起訴があるので今日は罪状認否まで」とか、「弁護側から母親を証人尋問する」とかの手続き情報が分る。またその日の公判時間の時間的配分も聞いておくとよい。

⑤メモを取らない通訳人も困ったものである。たまに「メモを取らなくても覚えて通訳できるのが上手な通訳者」と錯覚している人がいる。

全ての言葉が証拠になる法廷では、一字一句落とすことなく通訳する必要がある。この状態でメモを取らずに記憶に頼った通訳をされたのでは、被告人が甚大な被害を受けることになる。

参考　Q　開廷前に準備しておく必要のあるものは何ですか。
　　　　A　早めに書記官室へ行って（直接法廷に行くように言われる場合もあります）、宣誓書の署名、出頭カードの記載、報酬関係の書類への記載をする必要があります。印鑑を持っている方は、この時に使いますので、持参

して下さい。(『法廷通訳ハンドブック実践編【英語】』、法曹会、1998年、p. 16 ①)

参考 Q　開廷前の時間はどのように過すとよいでしょうか。
　　　A　早めに法廷に行って、自分の座る位置を確認し、メモや、起訴状の書面を通訳する順序に重ねておく等の準備をしておくと落ち着いて通訳できるでしょう。なお、開廷前に勝手に被告人や被告人の関係者と話をしないようにして下さい。(『法廷通訳ハンドブック実践編【英語】』、法曹会、1998年、p. 16 ②)

Step Up 10　弁護人の弁論

■オーバーステイの事件でも、弁護人の中には、被告人の利益を考えてか、非常に凝った日本語表現を使った弁論を行う場合がある。やや難解な表現が出てくるので、あらかじめ受け取った弁論要旨をよく検討し、意味不明な時にはあらかじめ書記官を通すか弁護人に直接問い合わせて通訳の準備をしておかなければならない。

「では、弁護人側の弁論を致します。
　事実については、争うものではございませんので、以下、情状の点についてのみ、申し上げたいと存じます。
　被告人が6年4月もの間、不法残留していた点については、誠にその人格形成責任は重く、悪質と言わなければなりません。
　また、逮捕当初、本件について、縷々弁疏を弄しておりました点も芳しくない態度ではございますが、ただ、その後は、自白するに至っております。
　入国に際して、本国にいる父から借金した90万円について、自己の勤勉な労働によって得た収入より、100万円にして返済しておりますが、そこにいささかばかり贖罪の気持を窺うことができます。
　被告人は、我が国の政治、経済、軍事を攪乱する目的で入国したものではもとよりございません。
　量刑にあたっては、応報、一般予防の見地だけではなく、被告人の家庭事情、その行状等も斟酌し、精神分析学等周辺諸科学の成果を十分に応用して、かつてドイツのラートブルフが述べたように、罪を罰するが、人を罰せずという価値哲学的観点から、適切なる刑の量定をなすべきことを嘆願する次第であります」。

(渡辺・記)

第3部 法廷通訳人の職業倫理

第5講　守秘義務と意見表明の制限

　【守秘義務】　通訳人は、権利で保護されている情報その他秘密としなければならない情報の秘匿性を守らなければならない。
　【意見表明の制限】　通訳人は、提供する情報が権利で保護されておらず、法が秘匿することを求めていない場合であっても、現に関与し、または関与した事項について、公然と議論し、報告し、または意見を表明してはならない。

> **事例9**　「うっかり言っちゃった」
> 　1990年に神戸地裁で判決があった事件。英国籍の香港人が犯した強盗致死事件で、この捜査段階で通訳をした通訳人（広東語）は検察庁で英国領事館員と被疑者の面会の通訳もした。その面談が終わった後、立ち話しのつもりで被疑者が領事館員にしゃべった内容を検察事務官に話してしまった。
> 　その検察事務次官はその内容の報告書を作成し裁判での検察側証拠として裁判所に提出した。控訴審で弁護側はこの通訳人の信頼性に疑問があることを不服理由の一つとした。（大阪高判平3・11・9判時1463号143頁）

　通訳人はいろいろな場面でいろいろな人と出会う機会がある。争いのある事件の場合、弁護人や検察官から提出される証拠（書面）を事前にもらい、打ち合わせをする場合もある。公判では双方が証拠として提出しそれを根拠に争うのである。その双方のシナリオを通訳人は事前に理解することになるが、それは法廷通訳人として秘密を漏洩しないという信頼関係の元で成立する業務である。
　残念ながら、まだ日本には法廷通訳人としての公的な資格認定がない

ので（2003年現在）、通訳人が守秘義務を破った時の業務上の処遇が明らかではない。罰則もない。であるから余計に通訳人自身が注意して、いかなる場合にも知り得た情報は他人に喋らないということを肝に命じておく必要がある。

参考　Q　接見に同行した後に留意すべき事項がありますか。
　　　A　被告人には、接見交通権といって、立会人なくして弁護人と接見する権利が認められています。そして通訳人は特別に接見の際の被告人と弁護人とのやり取を外部に漏らすようなことは、絶対に慎んで下さい。このことは、裁判官や書記官に対してであっても同じです。（『法廷通訳ハンドブック実践編【英語】』、法曹会、1998年、p. 12 ⑦）

> **事例10** 「面白いから記事にしちゃった」
> 　ある地域で、ある言語の法廷通訳人が、自分が通訳をしている殺人未遂事件の被告人のことを、その地域のその言語を母語とする外国人コミュニティーの新聞に載せた。
> 　匿名でなく被告人の本名を記載し、冒頭陳述書にあった被告人の本国での経歴を載せ、人間関係もまるで小説のように紹介してしまった。これに対して被告人は大変な怒りを表明した。

　これは、実際にあったことである。しかも、裁判が続行中でもあったので、人権擁護団体が社会問題にした。

　この通訳人の意図は全く計り知れない。自分がルポライターにでもなった気分だったのか。この場合も法廷通訳人としての役割を忘れてしまったケースである。

　裁判になる事件の内容は、一般の人間にとって、普通の生活では体験しないようなことばかりである。しかも、サスペンスに満ちたストーリー性のあるものもある。主人公は被告人であり、被害者、加害者の関係が明らかである。通訳者はそのストーリーの中に入りながら通訳するのであるから、まさにサスペンスドキュメンタリーのテレビ番組を解説しているようなものである。

　つい、面白いから、周りに言ってしまう…。しかし、場合によっては通訳人が名誉毀損で訴えられかねないことも念頭に入れておく必要がある。

参考　Q　どのような書面が事前に通訳人に交付されていますか。
　　　A　事件によって異なりますが、一般的には、冒頭陳述書、書証の要旨の告知のためのメモ、論告要旨、弁論要旨が交付されています。なお、このように通訳人には準備のため訴訟に関する書面が渡されますが、これらの書面は一切他に見せてはいけません。(『法廷通訳ハンドブック実践編【英語】』、法曹会、1998年、p.9 ③)

第6講　業務の範囲

【業務の範囲】　通訳人は、法廷の任命する通訳または翻訳にのみ従事しなければならない。通訳人の業務遂行中、通訳または翻訳と異なる役務を構成すると解釈される活動に関与してはならない。

> **事例11**　「弁護人からの依頼は断れない？」
>
> 　担当している事件の弁護人と接見に行った際、被告人が弁護人に「母国にいる母親が心配しているので、警察に捕まり裁判になっていること、また拘置所に勾留されていることを伝えて欲しい」と訴えた。
>
> 　接見の帰り道（よく弁護人と帰路を共にすることがある）に、「通訳さん、被告人の国と日本では時差が10時間もあり、私の事務所からは電話がかけられない、また言葉も通じないので、先ほどの内容を母親に電話して伝えてもらえませんか」と国際電話の番号を渡された。
>
> 　法廷通訳人は弁護人の言うことに対して反対したり断ることはできないと思い、適当な時間を見計らいながら夜中に電話をかけた。
>
> 　女性が出てきて、電話の向こうで泣き始め、被告人のことを根掘り葉掘り聞き始めた。可哀想に思い通訳人は自分が知っていることを全部説明した。その結果、長距離電話は長くなり、電話代金も高いものとなった。

　この例には二つの倫理違反がある。まず、通訳人は結果的に守秘義務を怠った。そして本来の業務以外のこと、つまり弁護人の通訳人になってしまった。

　法廷通訳人は裁判所から公正な裁判を保障するために雇われているのであるから、通訳人の法廷外の仕事は裁判所の許可を得なければならな

い。つまり、裁判所が法廷通訳人のしていることを知っておく必要があり、また通訳人は報告し許可を得る義務がある。

　まず、通訳人は裁判所の書記官に、「弁護人から本人の母国に電話を掛けて欲しいとの依頼があったこと。それをしてもよいのかどうか。電話をするのであれば、その電話代、及び業務に対して当然発生する支払いはどこがするのか」など確認しておかないと、その部分は全く無給のボランティアになってしまう。

　法廷通訳人は裁判所から依頼された通訳、翻訳をすることを業務としているのであるが、場合によっては周りの注文に左右され本来の業務以上の仕事をしている場合がある。

　ある通訳人研修会で、「弁護人に母親に電話をしてくれと頼まれて困っているが、弁護士の依頼なので断ることができない」と訴えた通訳人に、法律家は「電話をする相手が確実に母親であるということが断定できますか。もし相手がマフィアの一員であり、被告人が日本で捕まったことを暗に知らせて証拠隠滅を促していたらどうしますか」と注意した。

　これは通訳人だけが悩むことではなく、依頼した弁護人の方にも責任のあることである。いずれにしても、勝手に判断せず、法廷通訳人は裁判所に雇われている関係上、全ての業務は裁判所の許可がいることを弁護人に伝えて、裁判所の判断に従う必要がある。

> **参考**　Q　弁護人から、被告人に差し入れをするように被告人の家族に頼んでほしいと依頼された場合にはどうしたらよいでしょうか。
> 　　　A　「裁判所の了解を取ってからでないと出来ませんので、裁判所の了解を取って下さい」と言って下さい。（『法廷通訳ハンドブック実践編【英語】』、法曹会、1998年、p. 12 ⑥）

事例12　「上申書の翻訳を頼まれた場合」
　被告人の妻や関係者からの手紙や上申書の翻訳を弁護人から頼まれた。「来週の裁判に証拠として提出するので、急いで翻訳して欲しい」との事だった。これは法廷通訳人がする仕事であろうか。またするとした時は、この上申書の翻訳料は弁護人に請求すればよいのだろうか。

　このようなケースはよくある。これも前の事例と同じで、本来は弁護人が手紙や上申書の提出およびそれを翻訳する旨を裁判所の許可を得てから法廷通訳人に依頼すべきことである。場合によっては裁判所はその手紙を証拠として認めないので翻訳の必要なしと判断することもある。書面の翻訳に関しても、弁護人から依頼されたら、裁判所にその旨の報告をするとともに裁判所の許可を得ることを忘れないようにしたい。

参考　Q　弁護士から上申書等の翻訳を依頼された場合にはどの様にしたらよいですか。また、その場合の報酬はどの様になりますか。
　A　国選弁護人には、情状証人との面会の際の通訳や書面の翻訳などを法廷通訳人に依頼するに当たっては、裁判所に連絡の上、許可を受けるようにお願いしているのが一般です。これは、裁判所が弁護活動に必要かどうかを判断して、必要と認めたものについては、費用を支払う取り扱いにしているからです。従って、弁護人から通訳、翻訳を依頼された場合には、弁護人に裁判所の許可を得ているかどうかを必ず確認して下さい。　（『法廷通訳ハンドブック実践編【英語】』、法曹会、1998年、p.35 ③）

刑事"笑"廷 ロボット？

作：鬼頭良司
画：小西咲子

コマ1：
えー、判決言い渡し期日は×月×日、金曜日の午前10時でいいですか？

コマ2：
事前に内容を確認したり、翻訳をしたりする都合があるので

判決の言い渡しは午後にして下さい

コマ3：
そ・れ・で・は…

コマ4：
×月××日、火曜日の午前10時からでは？

一緒じゃん

…ったく、通訳は瞬間翻訳機じゃない…

by Komi

第7講　業務の点検、報告など

【業務遂行に関するアセスメントと報告の義務】　通訳人は、常に自己の役務を提供する能力に関するアセスメントを行い司法当局に直ちに告知しなければならない。

> **事例13**　「言葉の限界、これ以上できない！」
>
> 　ある地方で、タイ人ホステス同士の殺人事件が裁判になった。第一審の通訳人は、主人の赴任に同伴しタイに2年間滞在した経験のある主婦であった。
> 　弁護側は被害者の直接の死因は被告人が被害者の首を絞めたことではなく、同時に起こったくも膜下出血であると主張した。その結果この裁判は大変複雑になり、検死を担当した医師が証人として出廷し、くも膜下出血の細かい状況の説明があった。
> 　その通訳人は、生活に不自由しないくらいの日常会話はタイ語で話せたものの、頭の血管の名称や殺意があったかどうかなどの確認は全く通訳することができなかった。

　この裁判の途中でその通訳人は通訳を降りたいと裁判所に訴えた。しかし裁判所はそのままその通訳人を起用しつづけた。結果的に被告側は被告人が法廷で充分な通訳を受けられなかったことも理由の一つとして控訴した。高等裁判所では通訳人の不備を認めることを含んだ判決が出された。控訴審の間、この通訳人はマスコミの集中攻撃に会った。本来は裁判所がその通訳人を使い続けた責任も追及されるべきであろう。
　この通訳人はこの法廷通訳業務がいったん自分の通訳能力の限度を超えていると判断したのであれば、強く交代を要請すべきであった。自分の能力のアセスメントをしっかり行い、また正直にその限界を裁判所に

申告すべきであろう。これも通訳人自身のためでなく、被告人に公正な裁判を受ける権利を保障するためなのだ。

参考 Q 証言の内容が高度に専門的、技術的である等の理由により、そのまま通訳をすることに無理があると感じた場合には、どうしたらよいですか。
A 直ちにそのことを裁判官に告げて下さい。分る部分だけを通訳するようなことはしないで下さい。可能であれば平易な内容に証言をし直してもらうなどの措置を採ることになります。(『法廷通訳ハンドブック実践編【英語】』、法曹会、1998年、p. 25 ⑦)

参考 Q 鑑定人の尋問の内容に留意すべき事項はなんですか。
A 難しい専門用語を通訳する必要がありますので、明らかに尋問の際に使用すると思われる用語については調べておく必要があります。また、尋問の中に理解できない言葉がある場合には、遠慮なく申し出るべきです。なお、尋問が続行される場合に、専門用語を調べる時間が必要な場合には、その旨申し出てもよいでしょう。(『法廷通訳ハンドブック実践編【英語】』、法曹会、1998年、p. 21 ㉑)

> **事例14**　「急に『同時通訳を』と言われてパニックに」
>
> 　この裁判ではワイヤレスマイクロフォンが使われた。つまり通訳人の襟元にワイヤレススピーカーが付けられ発信機を持たされ（実際は机の上に置くか、ポケットに入れる）、被告人は受信機を持ち耳にイヤホンを付けて通訳人が囁く通訳言語を聞くのである。
>
> 　この法廷では検察官の証拠請求が終わり、弁護人から情状証人の請求があった段階で1時間の予定の公判はあと10分しか残っていなかった。証人が証言台に出てきて宣誓を行った。すると裁判官が「通訳さん、被告人に今の宣誓内容を通訳して下さい。さて、どのように通訳をしましょうか。時間もないことですので、弁護人からの質問と証人の答えを同時通訳して下さい」と言われた。

　本来、ワイヤレスマイクは冒頭陳述書や最終弁論のように事前に通訳人の元に原稿が届いており、事前翻訳したものを検察官、弁護人が読み上げると同時に翻訳朗読するためのものである。

　通訳人には事前に書面が送られてくる。起訴状、冒頭陳述書、証拠等関係カード、論告・求刑、最終弁論など。それらを通訳人は事前に翻訳してゆく。起訴状に関しては、検察官が朗読して、その後で通訳人が翻訳したものを読み上げる。

　また、冒頭陳述書、論告・求刑、最終弁論もほとんどの場合、検察官あるいは弁護人が読み上げているのと同時に通訳人が翻訳をし用意してきた内容を読み上げる。

　この作業は同時通訳ではなく同時朗読である。ただし、証拠の「要旨の告知」に関しては、「証拠等関係カード」を見ながら、検察官の口頭での要旨の告知を同時通訳することが多い。

　被告人質問、反対尋問は必ず逐次通訳であるが、証人尋問に関しては裁判官によって方法が異なり、同時通訳を要求されることもある。

　ここで、通訳人は自分の力に合わせて受けられるか受けられないかをしっかりと判断する必要がある。

同時通訳という作業は、訓練を受けている人でも難しい作業である。訓練を受けたことがない人には無理である。「同時通訳に自信がなくても『できません』と言ったら法廷通訳の仕事の依頼が来なくなるのでは」と考え、言われるままに同時通訳モードに入ってしまい、その結果、50％も通訳できなかったとしたら、不利益を被るのは通訳人ではなく被告人である。それは、被告人にとっては公正な裁判ではなくなるのだということを覚えておく必要があろう。

> **参考** ワイヤレス通訳システムの利用
> 　ワイヤレス通訳システムとは、送信機を装着した通訳人が声で通訳を行い、それを受信機のイヤホーンを通じて被告人に伝える装置です。公判廷における日本語での発言のうち、事前に通訳人に書面が交付された手続部分について、日本語での発言に並行してあらかじめ準備した通訳内容を伝える形で同時進行的な通訳ができるようにするものです。したがって、このシステムはいわゆる同時通訳とは異なるものです。これにより、手続を中断することなく、被告人に通訳内容を伝えることができることになるため、審理時間の短縮、ひいては通訳人の負担の軽減を図ることができるとともに、短縮された時間を証人尋問や被告人質問に充てて審理の充実を図ることができます。
> 　このシステムは、法廷では次のように運用されています。
> 　ア　通訳人が送信機を、被告人が受信機を、それぞれ使用する。
> 　イ　冒頭陳述、書証の要旨の告知、論告、弁論などのように、検察官、又は弁護人があらかじめ準備し、通訳人に交付してあった書面を法廷においてそのまま朗読する手続に使用し、起訴状朗読、証人尋問、被告人質問および判決宣告には使用しない。(『法廷通訳ハンドブック実践編【英語】』、法曹会、1998年、p. 18)

Step Up 11　同時通訳、逐次通訳

■1997年8月18日の産経新聞（朝刊）は、「証人尋問に同時通訳／仙台地裁採用／『迅速化のため』／最高裁『正確欠く恐れ』」と題する記事を掲載した。記事によると、「日本語ができない米国人男性が被告の殺人事件を審理中の仙台地裁刑事一部（○○裁判長）で、最高裁が『適当でない』としている証人尋問の同時通訳が行われていることが17日、分った。同地裁の刑事訟廷管理官は『迅速な裁判のためだと思う』と説明するが、最高裁は『同時通訳は正確さが確認できない。証人尋問は（発言を区切って通訳する）逐次通訳にすべきだ』と否定的だ」。

「この事件はことし3月、仙台市のビジネスホテルでフロント係の従業員を刺殺したとして、同ホテルに宿泊していた米国人男性のボクサー（20）が逮捕、起訴された。

被告は正当防衛による無罪を主張。6月18日の第3回公判から始まった証人尋問では、裁判長の手前に座った通訳人がワイヤレスマイクを使い、証人と検察官らのやりとりをイヤホンを付けた被告に小声で同時通訳している」。

■実際のところ、国際会議の多くは同時通訳をしている。通訳のために、1行読んで通訳が入るのを待ち、また1行読む、、そんなまだるっこい通訳はしない。「プロ」の通訳人の資質は、逐次通訳ができることでもある。信頼できる通訳人であれば、証言をほぼ正確に通訳することはできるとも言える。その上、この事件では、被告の弁護人は「時間短縮のためにはやむを得ない」とする立場をとっていたという。そうであれば、被告人の防御の利益も侵害されていないであろう。

■しかし、疑問がある。記事も次のように指摘する。

「通訳人の英語は被告以外には聞こえず、弁護人や傍聴席では証言が正確に通訳されているかチェックできない。ワイヤレスマイクでの通訳について最高裁は『冒頭陳述や論告など、書面を事前に通訳人に渡せる場合に行っているが、それは翻訳文の朗読であり、同時通訳ではない』としている」。

■同時通訳では、性質上も実践上も「全部通訳」の原則を守れなくなる。そこで、上記新聞記事にこんなコメントを載せた。

「▽公正・適正さが前提

迅速な裁判とは、公正で適正であることが前提。証人尋問の内容は、時間をかけても被告にきちんと伝えなければならない。時間短縮を考えるなら、公判の間隔を短くして集中審理にするなど、別の方法を考えるべきだ」。

（渡辺・記）

第8講　通訳を妨げる事情

【業務遂行に関する障害事由のレポート】　通訳人は、自己の任務を完全に充足する上で妨げとなる事情がある場合、適切な司法当局にその事情を直ちに告知しなければならない。

> **事例15**　「疲れて思わぬ間違え」
> 　1時間半続いた公判で、弁護人の被告人質問が続いていた。弁護人が「どれくらいマリファナを持っていたのか」と被告人に聞いたのに対して、被告人は「a pinch of marijana」と答えた。
> 　通訳人の頭の中には画像として親指と人差し指で摘んでいる状況が見えており言葉として「一ツマミのマリファナ」と言ったつもりであったが、疲労のあまり注意を怠り「一ツカミ」と言ってしまっていた。
> 　その時、弁護人が騒然としたのに通訳人は驚き、通訳の誤りを訂正することができた。

　一般に通訳人は、通訳時間が1時間を過ぎるとメモ取りのスピードが落ちてくる。その後、通訳業務を疎外するいろいろな障害が出てくる。
　ある人は数字がひっくり返ったり、単位を間違えたりしてしまう。要するに、頭のメモリー（リテンション）の機能が低下してくるのである。ちなみに、国連での同時通訳者は30分で交代し、NHKのニュースの同時通訳者は15分で交代を原則としている。
　「通訳人が自己の任務を完全に充足する上で妨げとなる事情」の中には、法廷通訳人の労働条件も含まれる。
　通訳人はよく自動翻訳機のように思われる。Aという単語を入力するとBという他の言語に簡単に変換されると勘違いしている法律家が依然として存在する。実際、通訳するという作業は耳に入ってきた言語の意

味を「理解」し、頭の中でその意味に一番近い言葉を「検索」し、その出力言語の構文に当てはめて、やっと通訳言語に「変換」できるのである。

その作業時の集中力は大変なもので、裁判では人定質問から始まって、黙秘権の告知、起訴状朗読、罪状認否、冒頭陳述、証拠の要旨の告知、証人尋問、反対尋問、論告・求刑、最終弁論など、休む暇なく一人4役（裁判所、弁護人、検察官、被告人、場合によっては5人目の証人）を演じるのである。

公判中ずっと声を出しているのも通訳人一人だ。一時間その集中力を持続すると、疲労も積りいろいろな障害が現われて当然であろう。その時には、恐れることなく休憩を申し出るべきである。10分から15分の休憩でかなり通訳機能が復活する。

> **事例16**　「頑張る通訳人」
>
> 　公判が1時間20分経過した時点で裁判官が「通訳さんどうしましょう。休憩をとりますか」と言った。弁護人質問の途中であったので弁護人は不満そうに、「後ちょっとで終わりますから」と続行を懇願した。通訳人はそこで「おりこうさん」ぶって「大丈夫です。頑張れます」と言ってしまったのである。
>
> 　あともう少しで終わると思われた被告人質問が複雑になり、そこから30分延長した。その日の公判が終わり裁判官も弁護人も法廷から出て行き、気が付けば通訳人は一人大きな法廷に残っていた。我に戻った通訳人は疲労困憊している体を引きずるように法廷から出た。
>
> 　しかし、刑事訴訟手続きの専門家である法律家は、疲労困憊した通訳人に「どうして休憩を取らなかったの。裁判官が言ってくれたのに。通訳人が疲れて不利益を被るのは被告人なんだから」と頑張った通訳人を批評した。通訳人はよく頑張ったと誉めてもらいたい気持ちだったのに。

　通訳人は頑張ってしまう。

　一生懸命すればするほど頑張ってしまい、自分の限界に気がつかなくなる。また無理しても頑張っている自分の姿に拍手喝采し美化してしまう時もある。

　でも、それは自分に対する利益を考えているので、法廷での仕事を遂行する為には自分の限界を知らなければならないし、その限界を申告する勇気が必要であろう。

　1980年代では、通常、法廷には通訳人用の机がなかった。メモを片手に、ペンをもう一つの手に、被告人の横に立ったままの通訳業務であった。でも、今（2003年現在）は違う。どの法廷でも通訳人に机が用意されるようになった。裁判所によっては書記官の横に座って通訳ができる。

　また、座ったままで訳してもよいので疲労度も以前よりは軽くなった。しかし、書記官の隣の速記官用座席だと速記官が機械を打つ高さに合わせてあるので、机でメモを取るには高すぎて不自然な姿勢になってしま

う。

　また、被告人席の隣で裁判官を正面に座っている場合は、証人尋問の通訳をする時は通訳内容を聞かす被告人が真後ろになってしまうので、ぐるりと反対を向いて通訳をする姿勢になってしまう。この不自然な状態で通訳をするということは大変過酷な姿勢である。

　しかし、いかなる場合も、通訳人としての業務がやり難い場合は、裁判中に手を上げ裁判官に申し出るべきである。事前に自分の限界、好ましい状態を書記官を通して要求しておくことも必要であろう。

参考　Q　連続して行う通訳時間について希望がある場合にはどうしたらよいですか。また、通訳中に休憩を取りたい場合はどうしたらよいですか。
　　　　A　通訳人の方からは1時間半から2時間くらいで休憩を入れて欲しいという意見が多いようです。経験が少ない通訳人の場合には、もっと短い時間で休憩が必要になることも考えられます。要望があれば、事前に書記官に伝えておいて下さい。また疲労が激しい場合などには、開廷中であっても書記官にそのことを告げて裁判官に伝えてもらうとよいでしょう。(『法廷通訳ハンドブック実践編【英語】』、法曹会、1998年、p.13 ③)

> **事例17** 「通訳さん、ちゃんと訳してよ！」
> 　検察官が反対尋問で「要するに、事件を起こした時は、それが法律に違反していることは知っていたんでしょう」と聞いた。被告人は「えーと、私は友達とぶらぶら町を歩いていたら、夜間金庫の電気が見えて、友達が一緒にこいと言って、それから道に立っていて、車も来ていなかったので､､､､それで友達に止めようといって､､､､」。
> 　被告人は、文章として繋がらない発言を繰り返した。通訳人はそのまま、意味の繋がらない訳をしていた。すると急に検察官が「通訳さん、ちゃんと訳して下さいよ」ときつく通訳人を非難した。

　通訳をする上で妨害になる働きかけとは外からの圧力のことであるが、法廷内と法廷外がある。

　まず、このケースは法廷内で検察官から通訳人に対する威圧的なクレームの言葉である。通訳人にもうまい人とへたな通訳人がいる。まして や現在は資格認定制度がない状態でいろいろな語学能力の通訳人がいる。それでも、法廷内で当事者（検察官、弁護人、裁判官）が通訳人に批判めいた言葉を浴びせ掛けることは、通訳人を萎縮させてしまうことになりかねない。

　この例のように、検察官や弁護人の質問に対して被告人が的確に返事をしない状況はよくある。曖昧な返答は曖昧にしか訳しようがなく、つじつまの合わない訳になってしまう。

　その問答にいらいらする当事者が、時々通訳人のせいにして、通訳人を非難する場合がある。自分の通訳に自信がある場合は堂々と裁判官にその旨を告げ、通訳を妨害されないよう訴える必要があるだろう。

第3部 法廷通訳人の職業倫理

第9講　通訳妨害の申告

【通訳妨害の申告】　通訳人は、法律一般、通訳倫理、その他法廷通訳および法律関連の翻訳について定める公式の指針に従うことを妨げる働きかけがある場合、適切な司法当局に申告しなければならない。

> **事例18**　「関係者からのいやがらせ」
> 　ある時、ある言語の通訳人に、全く知らない人から電話が掛かってきた。その電話は「あんたが〇〇の事件の通訳をしとるんやろ」と始まり事件について色々聞かれた。通訳人は「私は何もお話できませんので裁判所に問い合わせて欲しい」と告げて電話を切ったが、それから何回も知らない人からの電話が掛かってくるようになった。
> 　身の危険を感じた通訳人は、どこから自分の電話番号が関係暴力団に知れたのか不思議に思った。そこで思い当たったのが法廷での通訳人宣誓の時のフルネーム読み上げであった。一人暮しをしていたこの通訳人は怖くなり、最初は電話番号を変えたが、それでも住所を知られていることを思い、引越しまですることになった。

　これは、法廷外の外圧があるために通訳の業務を妨害されるケースである。

　公判が始まる時に、通訳人の人定質問がある。通訳人はあらかじめ廷吏から渡された用紙に通訳人の名前、年齢、住所、職業を書き込む。そして法廷が始まったらその内容を確認される。以前は裁判官が通訳人の名前や住所を読み上げたが、今では「この用紙に記載された通りですね」という確認になっている。

　その後、通訳人が宣誓をする。「良心に従って誠実に通訳することを

誓います」。そして、その後に「通訳人　○○○　印」という欄があるが、以前は通訳人自身も宣誓文を読み上げた後に、自分の名前まで読み上げていた。今は、通訳人のプライバシーを保護するため名前を言わなくてもよいことになった。しかし、まだ裁判官によっては「○○さんですか。では今日はよろしく」と名前を不注意に読む人もいる。この問題は、裁判所も通訳人も双方が注意しておかなければならないことである。

参考　Q　通訳人の宣誓の際に氏名住所等を言いたくない場合にはどうすればよいですか。
　　　A　勾留質問の際と同様、事前に書記官のその旨を伝えておけば、裁判官が「このカードに記載されているとおりですね。」と尋ねることになります。（『法廷通訳ハンドブック実践編【英語】』、法曹会、1998年、p.17）

> **事例19** 「法廷での身の危険」
> ある争いのある強姦事件では被告人が190センチほどある大きな男性で、長期の勾留（1年過ぎていた）が原因で拘禁症をわずらっていた。被告人は精神的にムラがあり、発言が支離滅裂になり、通訳人は被告人の行動に身の危険を感じた。

そこで、書記官と相談して通訳人の座る場所を検討した。普通は被告人の横に椅子と机をおいて通訳するが、この時は、被告人が暴れた時のことを想定しシミュレーションを行った。法廷の正面に向って左側にドアがある。そのドアの前は検察官が座っている。この公判では通訳人の席を検察官の席の前、つまり被告人とは直角に向い合う形をとった。被告人が立ち上がった時に彼の手が通訳人に届かないところ、そしてすぐに被告人とは反対側に逃げ、ドアに飛び込めるような位置を確保した。

幸い何もなかったが、身の危険を感じるということは通訳業務の妨害であろう。

通常、通訳人は一般傍聴者が同席する法廷の外で開廷時間まで待つことが多い。一見通訳人であることが明らかに分ってしまう。事件によってはやはり身の危険を感じることがある。その時は率直に書記官にそのことを伝え、書記官室で控え準備をさせてもらうと安全であろう。時には書記官と同行して法廷に向うと被告人関係者に会うことなく法廷に行くことが出来る。

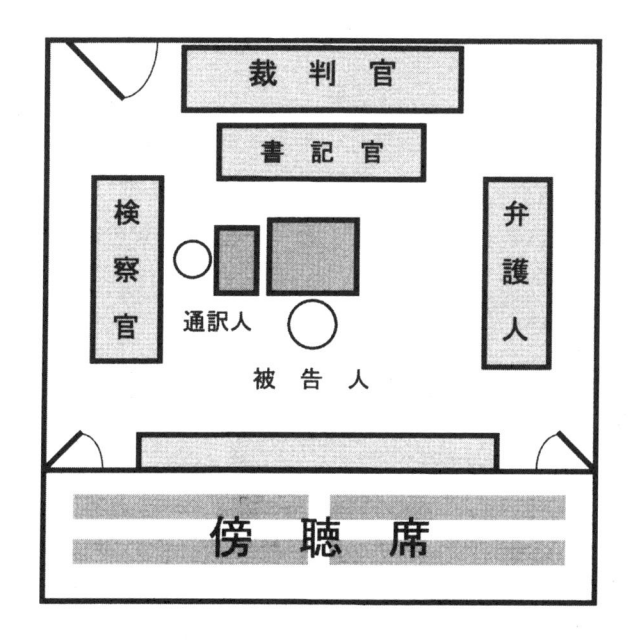

＜参考図：緊急時の脱出経路＞

| 裁判官 |
| 書記官 |
| 検察官 | 通訳人 | 弁護人 |
| 被告人 |
| 傍聴席 |

第10講　司法通訳人の中立性

【中立性】 通訳人はいかなる個人的偏見も示さず、また中立性を損なうと疑われる態度も表すことなく、正確かつ忠実に通訳する。

> **事例20**　「心優しい通訳人」
>
> 　ある地方裁判所での窃盗事件。被告人は、あるマンションに忍び込み、物干しから女性の下着を盗んだ。被告人は、警察に捕まり、警察、検察で取り調べを受け、起訴され裁判になった。その間被告人はずっと身柄を勾留されていた。
>
> 　これくらいの窃盗事件は日本人が被告人の場合は在宅起訴になるはずだと思った通訳人は、拘置所での弁護人同行接見で孤独を訴える被告人に同情し弁護人と相談した。そして、友達に事情を話し300万円の保釈金を用意した。また、その通訳人の所属する宗教団体の場所を仮の住まいとした。また、国外逃走の恐れの可能性をなくすために、被告人のパスポートは弁護人が預かった。
>
> 　しかし、この通訳人の好意に背いて保釈された数日後、その被告人はどこかへ姿をくらませてしまい、裁判は中断してしまった。

　多くの場合、通訳人はとても正義感あふれる心温かい人で、被告人に同情したために、守秘義務を破ってしまうことがある。

　この事例の場合、通訳人は「司法の一員であり公正な裁判を保障することが通訳人の使命」であることを忘れてしまい、外国人被告人のための支援通訳人になり切っている。

　つまり、通訳人はあまりにも同国人である被告人に同情した。その結果、自分の周りの人に事件の詳細を話し、保釈金を集めている。これは裁判における中立を明らかに守っていない。

20年前に出会った通訳人にも、とても「こころ優しい」通訳人がいた。その人は南米から出稼ぎにやってくる人達の生活支援をしており、南米人の法廷通訳を引き受け、寒い日本でセーターも持っていないことを可哀想と思い、自分の周りの人達に被告人のことを説明し、度々セーターや靴下を被告人に差し入れをしていた。
　ここでよく議論になるのは「法廷通訳人は、被告人に対し冷たく接し同情してはいけないのか」ということである。
　「冷たく」という表現は、言い変えれば「淡々と」通訳をするということである。もし、その被告人を可哀想に思いその人のために通訳をし、また差し入れもしてあげたい、保釈もしてあげたいのであれば、法廷通訳人という任務を降りるべきである。そして、自由に支援者の立場でサポートをしてあげればよい。
　通訳人は、法廷で「良心に従い誠実に通訳をすること」を誓う。これは被告人、検察官、弁護人、裁判官の誰にも偏らずに「衣子（くろこ）」に徹することである。人間は注意していないと簡単に先入観を持ち、それによって偏見を持ってしまうものである。

> **事例21**　「先入観による誤訳」
>
> 　ある国から来ていたホステス同士が些細な口喧嘩から相手を殺してしまった殺人事件。
>
> 　被告人質問で、弁護人が「あなたが包丁を磨いでいた時、友達が部屋に入ってきましたね。その時、あなたは持っていた包丁で彼女をサシタノデスカ。」と質問した。
>
> 　多くの通訳人は殺人事件という先入観があるために、「ぶすっと刺した」というイメージを連想するであろう。しかし、弁護人の意図したのは「ドアに立っていた友人の方に包丁を指したか」と聞きたかったのである。それが分ったのは、誤解を避けようと思った弁護人がとっさに空に指で漢字を書き、この「刺す」ではなく「指す」ですよと通訳人に注意した。
>
> 　しかし、その時の通訳人は、外国籍であったためか、その漢字は理解しなかったようである。結果的にその通訳人が間違いなく弁護人の意図する通りの「指す」と訳したかどうかは、誰にも分らなかった。

　通訳人の出身国が被告人と同じ場合は被告人に対する感情が大きく二つに分れる。まずは極度に同情してしまうタイプ。その反対に「何て恥知らずな」と批判的になるタイプ。これは自分たちが日本で苦労して築いてきた信用を踏みにじるのかと憎しみに似た感情を持ってしまう。

　それぞれの思いが、通訳する言葉のニュアンスとして出てきてしまう。できるだけ淡々と通訳をする、感情を動かすことなく「透明人間」になることが公正な裁判の場での通訳人に課せられた役割である。

第3部 法廷通訳人の職業倫理

第11講　助言禁止

【助言禁止】　通訳人はどの裁判当事者または個人に対しても、いかなる種類の助言も与えず、法廷においていかなる個人的見解も表明してはならない。

> **事例22**　「被告人が理解していない」
> 判決言い渡しの時、裁判官が「未決勾留日数の内、〇〇日を右刑に参入する」と言った。通訳人は『法廷通訳ハンドブック』（最高裁）に各言語別のモデル訳が載っているので、そのまま訳した。すると被告人は混乱した顔をして「結局、僕は何年刑務所に行くことになる？」という切実な問いを通訳人に向けてきた。通訳人はどうしたらよいか迷ってしまった。

　通訳人の心情としては即答えてあげたい思いを持つ。しかし、決して「だから4年から〇〇日を引くと何日だから…」などと通訳人が解説をする必要はない。

　法廷がまた終わっていない時であれば、裁判官に「被告人は今の未決勾留日数が分らないと言っています」と伝えるべきである。

　時には、裁判が終わった後で、被告人が質問してくる場合がある。その場合は弁護人に被告人が理解していないことを伝えて、弁護人の説明を通訳するだけに止めるべきである。通訳人が計算間違いをする場合もあり、飛んだ誤情報を伝えることになるかもしれない。

参考　Q　被告人が質問の内容を理解していないと思われる場合にはどうしたらよいですか。
　A　通訳人の判断で被告人に説明したりせず、よく理解できていないということを裁判官に告げて下さい。(『法廷通訳ハンドブック実践編【英語】』、法曹会、1998年、p. 29)

> **参考** Q 被告人が個人的に話しかけてきた場合にはどうすべきですか。
> A 会話に応じないで、身振りなどで、会話はできないことを示して下さい。実際に話しかけられた場合は、その内容を裁判官に伝えて下さい。(『法廷通訳ハンドブック実践編【英語】』、法曹会、1998年、p.30)

事例23 「どこまでが助言？」

　初公判の前に通訳人は弁護人と拘置所に接見に行った。弁護人が急に拘置所の係官に呼ばれて接見室から出て行った。狭い接見室は通訳人と被告人だけになった。

　すると、被告人が「私はこれからどうなると思う？」と聞いてきた。通訳人は自分の長年の通訳経験から「あなたは初犯だし、ただのオーバーステイだから、何でも認めておけば執行猶予がついて国に帰れるわよ」と伝えてあげた。被告人はとても気が楽になったようである。

　これは慣れた通訳人に多い法的アドバイスであり、決してしてはいけないことである。

　これは法律家でもない通訳人が法的根拠もなく自分の経験の中から想像した結論を出して、被告人に助言してしまっている。場合によっては被告人の緊張を和らげてあげようという親切心から助言したのかもしれないが、これは大変危険である。

　通訳人はただ被告人と法曹三者のコミュニケーションの媒体であることを理解して、「それは弁護人に聞いて下さい。私は単なる通訳ですから」と答えるべきであろう。

　また、通訳人が接見に行くと久しぶりに言葉の通じる人が来たということで、いろんな事情を喋り、質問してくることがある。場合によっては弁護人が目の前にいても「これは弁護士には言わないで欲しいのだけど、この弁護士は信用できるのか。どれくらいお金を渡せばよいの」などと聞く被告人もいる。その時は直接それに答えてしまうのではなく、

「あなたが私に言うことは、全て弁護人に通訳する義務が私にあります」と伝えることが必要である。通訳人は自分の立場をしっかりとわきまえておくことが大切である。

> 参考　Q　被告人から裁判の見通しについて尋ねられた場合にはどうずればよいですか。
> 　　　A　「通訳人はそのような質問に答えてはいけないことになっています。弁護士に相談して下さい。」と答えるべきです。勝手に見通しを告げることはしないで下さい。(『法廷通訳ハンドブック実践編【英語】』、法曹会、1998年、p.11 ④)

第12講　専門性の向上

【専門性の向上】　通訳人は、普段に自己の技能、知識を向上させなければならない。また、専門的な訓練と教育、他の通訳人及び関連領域の専門家との交流などの活動を通じて職務の発展を促さなければならない。

> **事例24**　「意味が分らない！」
> 　大麻取締法違反の事件で通訳をしていた。検察官が起訴状朗読のところで「被告人は、〇年〇月〇日ころ、みだりに大麻草を本邦に輸入し、、、、」と言ったので、その後に翻訳文を通訳人も朗読した。通訳人は「みだりに」という言葉に特別な意味があると思わず、訳の上では適当に訳してしまった。ところが、司法通訳トレーニングセミナーに出てびっくり。「みだりに」とは「法律上の除外理由なしで」という大切な意味があることを教わった。例えば、モルヒネは医師免許を持っている人であれば職務上持っていても警察に捕まることはない。つまり、医師にはモルヒネを使うことに関しては「法定の除外理由」があるからである。

　法的専門用語というのは、この本の第二章に解説してあるが、一般に使われる言葉の意味と異なるものが多い。通訳人の個人的解釈で判断してしまって、実は重大な意味を含んでいることに後で気がついたのではプロとして司法通訳者は失格である。常に謙虚に自己研鑽に励むべきである。

> **事例25**　「省略したために被告人からクレーム」
>
> 　起訴状をもらったところ公訴事実に次のようなことが書いてあった。
> 　「被告人はこもごも右手拳で被害者の顔面を殴打し、、、」。この文章を翻訳する時には、この日本語を画像として理解する必要があった。「つまり、、、被告人は右手を握り締めてゲンコツで被害にあった人の顔を殴った」。そう言語変換をした。その時、「こもごも」という聞きなれない日本語を省略してしまった。
> 　弁護人と接見に行って起訴状の翻訳を朗読した時、被告人はその起訴状に対して不服を述べた。「これでは、私一人でAさんを殴ったことになる。私は共犯者のBと一緒に殴ったのです。私一人の犯行ではない」。

　「こもごも」という言葉を訳さないことから混乱が生じている。
　「こもごも」を広辞苑で引くと「交々」「（古くは清音）互いに入れかわって。かわるがわる。また、入り混じって」と書いてある。つまり公訴事実に記載されていた「こもごも」を訳すことによって、共犯者が存在し、単独で被害者を傷つけたのではないことが含まれていたのである。
　起訴状や論告、弁論、また判決文にはたくさん日常使われない言葉が含まれている。これらは法律家にとっては日常茶飯事であり、知っていて当たり前である。
　しかし、法律を勉強していない通訳人には知り得ない「専門用語」である。司法の分野でプロとして通訳をする以上、知らないでは通らない。
　また、日常使われているからその意味に訳してしまえと安易に考えることも大変危険である。司法の現場で通訳する通訳人は謙虚に自らが法律用語に精通していないことを自覚し、知識を得る努力が必要である。

> **事例26**　「通訳人の無知が混乱を引き起こす」
> 　コンビニエンス・ストアで深夜、男がレジの前に立ち、何やらピストルのようなものをポケットに入れたままレジにいた店員に突きつけた。驚いた店員が後ろにさがったとたんに、男はレジにあったお金をわし掴みにし、止めようとした店員に体当たりして逃げた。店員は床に倒れ打撲傷を負った。
> 　この事件では、検察官は「強盗罪」を主張。弁護側は「窃盗、および傷害罪」に分離することを主張。
> 　法廷に呼ばれた通訳人にはその区別は分らなかった。いずれにしてもお金を盗んだのには違いなかった。反対尋問で検察官が「お金をトッタでしょう」という確認を通訳人は通訳した。すると被告人は「ノー」と主張。明らかにヌスンダお金の証拠が出ているのにもかかわらず被告人が「ノー」と主張することに腹を立てた検察官は大きな声で「証拠も出ているのに、今さら嘘をつくのか！」と糾弾した。
> 　通訳人は何が何だか分らずに、通訳をし続けた。この後、長時間、話が食い違ったままで混乱に陥ってしまった。

　この裁判では通訳人が裁判の争点を把握していなかったことに混乱の原因はあった。つまり、検察官の「とったでしょう」という言葉を「rob（強盗をする）」という単語を使って通訳してしまった。

　強盗罪でなく窃盗罪を主張している被告人は強取したのではないので「ノー」と言ったのであって、取ったことに「ノー」と言ったのではなかった。

　では、通訳人はstealという単語を使えばよかったのか。研究社の『新英和中辞典』を見ると「stealは他人のものをこっそり盗む、robは脅し、暴力を用いて奪う」とある。この事件の争点は正にそこにあったのである。

　弁護人の主張しているのは、被告人がお金を取って逃げようとした時に店員が近づいてきて逃げる途中で偶然にその店員に体が触れた。意図的に暴力を振るって店員を突き倒したのではない。であれば、robの強

取であってはならないのである。

　この裁判では強盗致傷罪が成立するか窃盗罪および傷害罪が成立するかでその被告人の量刑が大いに変わってくるのである。判決が３年以下の懲役で執行猶予がつく余地が残るか、３年以上の判決で実刑となり刑務所に行くのか被告人には大きな人生の分れ目になる裁判であった。

　このような裁判で通訳人がrobとstealを無頓着に使ってしまったのである。日本語でも強取、窃取、略取などを区別できる知識が必要である。

　どんな金額であろうと仕事に対しての対価をもらう以上、プロとしてそれに見合う実力をつける必要がある。司法の分野での通訳は、一般の会話が出来るからといって出来るものではない。まず専門用語の修得が必要であろう。これは単に対訳を覚えるということに止まるのではなく、その日本語が意味する内容を知る必要がある。また刑事訴訟手続きの流れも知っておく必要があろう。それと同時に、いろいろな通訳場面で遭遇する職業倫理規範も頭に入れておき、とっさの時に判断できる倫理観を持っておきたいものである。

索引

ア行

悪質	110
悪徳	110
当てる	114
あへん	121
あへん煙	121
いたずらに	106
一般予防	100
馬乗りになる	114
MDMA	121
LSD	121
押収	87
乙号証	100

カ行

改ざん	94
覚せい剤	121
覚せい剤取締法	106
確定する	110
確定的故意	100
過剰防衛	94
喝取	94
科料	91
過料	91
間接出血	117
完全性	137
鑑定人	75
起訴	91
偽造	94
起訴状朗読	25
凶悪	110
恐喝	94
胸鎖乳突筋	117
共同正犯	100
共犯	100
共謀共同正犯	100
業務の点検、報告	163
業務の範囲	159
緊急避難	94
筋膜	117
くも膜下出血	117
企てる	110
警察官の身分	128
決定	87
甲号証	100
抗告	87
絞殺	117
強取	94
向精神薬	121
公正と利益相反回避	147
公訴	42, 91
拘束	91
強盗	94
硬膜下血腫	117
勾留	91
拘留	91
コカイン	121
告訴	91
告発	91
誤想防衛	94
こもごも	106

サ行

財産刑	100
罪状認否	25

裁判	43	正確性	143
詐欺	94	正当防衛	94
差押え	87	責任能力	124
刺す	114	窃取	94
指す	114	窃盗	94
差す	114	前意識	124
自我意識	124	前科	87
然るべく	106	専門性の向上	185
実刑	100	前歴	87
執行猶予	100	捜査	36
司法通訳人の中立性	178	相当法条適用	103
遮へい措置	61		
自由刑	100	タ行	
出入国管理及び難民認定法	22		
守秘義務と意見表明の制限	156	大麻	121
準抗告	87	大麻樹脂	121
証拠調べ	44	大麻草	121
証拠調べ手続	26	大麻取締法	122
証拠能力	91	追徴金	91
常習性	121	通訳に関する法律	13
情状	59	通訳妨害の申告	174
上訴	87	通訳を妨げる事情	168
上訴・再審	46	同意	110
譲渡する	110	特別予防	100
証人尋問	45, 50	土下座する	114
証明力	91		
情を知らない	106	ナ行	
助言禁止	182		
所持する	110	なぐる	114
諸般の事情	103	任意性	91
所有する	110	能動意識	124
思料する	103		
心神耗弱	124	ハ行	
心神喪失	124		
人定質問	24	罰金	91
信用性	91	判決	45, 87
親和性	121	半身になる	114

被疑者取調べ	42
被告人最終陳述	31
被告人質問	28, 79
ビデオリンク証人尋問	69
武器に関する用語	128
不正作出公電磁的記録供用罪	94
不正作出私電磁的記録供用罪	94
不同意	110
プロフェッショナルたる言動	151
ヘロイン	121
騙取	94
変造	94
法定の除外事由	103
冒頭陳述	26
冒頭手続	44
ほしいままに	106
没収	87

マ行

麻薬	121
麻薬及び向精神薬取締法	123
未決勾留日数の算入	103
みだりに	106
未必の故意	100
無意識	124
胸倉をつかむ	114
命令	87
黙秘権告知	25

ヤ行

扼頸	117
扼殺	117
要旨の告知	27

ラ行

留保	110
領置	87
劣情をおぼえ	106
論告・求刑、弁論	29

ワ行

ワイヤレス通訳システム	166

〈執筆者紹介〉
渡辺修　甲南大学法科大学院教授、刑事訴訟法専攻。
　京都大学大学院法学研究科博士後期課程修了。法学博士、ＬＬ.M.（コーネル大学ロースクール）。主な業績として、『取調べ可視化─密室への挑戦』（共同監修、2003年、成文堂）、『刑事裁判を考える』（単著、2006年、現代人文社）、『実践　司法通訳』（共著、2010年、現代人文社）、模範六法、模範小六法（2002年より、編集委員、三省堂）。

長尾ひろみ　広島女学院大学学長、通訳論専攻。
　神戸女学院大学修士課程、大阪外国語大学博士課程で学び博士号（言語文化学）取得。大阪地裁での法廷通訳人も務めた。主な業績として、『グローバル時代の通訳』（共著、2002年、三修社）、『外国人と刑事手続』（共編著、1998年、成文堂）、など。中央教育審議会第6期委員を務める。

水野真木子　金城学院大学文学部教授、通訳論、法言語学専攻。
　立命館大学大学院国際関係研究科修士課程修了。国際関係学修士。『グローバル時代の通訳』（共著、2002年、三修社）、『通訳のジレンマ』（単著、2002年、日本図書刊行会）、『コミュニティー通訳入門』（単著、2008年、大阪教育図書）、『実践　司法通訳』（共著、2010年、現代人文社）など。会議通訳、法廷通訳などを経て、現在は大学を中心に通訳教育に携わっている。

司法通訳
Q&Aで学ぶ通訳現場

2004年4月20日　初版発行
2012年5月15日　第3刷発行

著　者　渡辺　修／長尾ひろみ／水野真木子
発行者　森　信久
発行所　株式会社　松柏社
　　　　〒102-0072　東京都千代田区飯田橋1-6-1
　　　　TEL 03 (3230) 4813（代表）
　　　　FAX 03 (3230) 4857
　　　　e-mail: info@shohakusha.com

装幀　小島トシノブ
組版・印刷・製本　（株）平河工業社
ISBN978-4-7754-0056-2
略号＝6028
© O. Watanabe, H. Nagao & M. Mizuno 2004
Printed in Japan

本書を無断で複写・複製することを禁じます。
落丁・乱丁は送料小社負担にてお取り替え致します。